Shakespeare

Série Biografias **L&PM** POCKET:

Albert Einstein – Laurent Seksik
Andy Warhol – Mériam Korichi
Átila – Éric Deschodt / Prêmio "Coup de coeur en poche" 2006 (França)
Balzac – François Taillandier
Baudelaire – Jean-Baptiste Baronian
Beethoven – Bernard Fauconnier
Billie Holiday – Sylvia Fol
Buda – Sophie Royer
Cézanne – Bernard Fauconnier / Prêmio de biografia da cidade de Hossegor 2007 (França)
Freud – René Major e Chantal Talagrand
Gandhi – Christine Jordis / Prêmio do livro de história da cidade de Courbevoie 2008 (França)
Jesus – Christiane Rancé
Jimi Hendrix – Franck Médioni
Júlio César – Joël Schmidt
Kafka – Gérard-Georges Lemaire
Kerouac – Yves Buin
Leonardo da Vinci – Sophie Chauveau
Lou Andreas-Salomé – Dorian Astor
Luís XVI – Bernard Vincent
Marilyn Monroe – Anne Plantagenet
Martin Luther King – Alain Foix
Michelangelo – Nadine Sautel
Modigliani – Christian Parisot
Napoleão Bonaparte – Pascale Fautrier
Nietzsche – Dorian Astor
Oscar Wilde – Daniel Salvatore Schiffer
Pasolini – René de Ceccatty
Picasso – Gilles Plazy
Rimbaud – Jean-Baptiste Baronian
Shakespeare – Claude Mourthé
Van Gogh – David Haziot / Prêmio da Academia Francesa 2008
Virginia Woolf – Alexandra Lemasson

Claude Mourthé

Shakespeare

Tradução de PAULO NEVES

www.lpm.com.br

L&PM POCKET

Coleção **L&PM** POCKET, vol. 629
Série Biografias/ 9

Texto de acordo com a nova ortografia.
Título original: *Shakespeare*

Primeira edição na Coleção **L&PM** POCKET: agosto de 2007
Esta reimpressão: 2016

Tradução: Paulo Neves
Capa e projeto gráfico: Editora Gallimard
Fotos da capa: Retrato presumido de Shakespeare, por Nicholas Hilliard (detalhe). Victoria and Albert Museum, Londres. Reprodução © akg-images. / Cena do filme Romeu e Julieta (Giuletta e Romeo), Itália, 1967, dirigido por Franco Zeffirelli, com Olivia Hussey e Leonard Whiting. Reprodução © akg-images
Revisão: Elisângela Rosa dos Santos e Bianca Pasqualini

S527m	Mourthé, Claude, 1932-
	Shakespeare / Claude Mourthé; tradução de Paulo Neves Porto Alegre: L&PM, 2016.
	240 p. ; 18 cm. – (Coleção L&PM POCKET, v. 629)
	ISBN 978-85-254-1659-9
	1.Shakespeare, William, 1564-1616.-Biografia. I.Título. II.Série.

CDU 929Shakespeare

Catalogação elaborada por Izabel A. Merlo, CRB 10/329

© Éditions Gallimard 2006

Todos os direitos desta edição reservados a L&PM Editores
Rua Comendador Coruja, 314, loja 9 – Floresta – 90.220-180
Porto Alegre – RS – Brasil / Fone: 51.3225.5777 – Fax: 51.3221.5380

Pedidos & Depto. comercial: vendas@lpm.com.br
Fale conosco: info@lpm.com.br
www.lpm.com.br

Impresso no Brasil
2016

Sumário

Uma graciosa cidadezinha / 7
Controle de identidade / 14
Os anos obscuros / 22
My gentle Shakespeare / 32
Uma rainha de teatro / 44
Todos em cena / 53
Um teatro nacional e popular / 65
Uma jornada na vida do Bardo / 74
Shakespeare e as mulheres / 87
Teatro do ambíguo / 99
Sonetos no ponto culminante / 112
Cor da pele / 123
Ser ou não ser Hamlet / 139
O teatro e o infinito / 153
Shakespeare e o sobrenatural / 164
Os mistérios de Londres / 178
Fugindo do barril de pólvora / 190
Uma morte alegre / 198
Posteridade de Shakespeare / 207

ANEXOS
    Cronologia / 225
    Referências bibliográficas / 229
    Notas / 232
    Sobre o autor / 233

Uma graciosa cidadezinha

Stratford-upon-Avon, cidade natal de William Shakespeare, é uma encantadora cidadezinha de vinte mil habitantes – não mais de mil e quinhentos em sua época –, situada no Warwickshire, a duas horas de carro de Londres, perto de Coventry e de Birmingham. Deve-se visitá-la, como Veneza, em um dia de chuva miúda de outono, quando o céu despeja não grandes lágrimas de desgosto, mas miríades de gotículas semelhantes ao orvalho. Um doce pesar. Como diz Julian Barnes, escritor britânico, compatriota de Shakespeare: "Na Inglaterra, chove a metade do ano, e na outra metade vai chover".

Em Stratford, porém, há menos água do que em Veneza, excetuados um longo canal que sobe em direção norte e, no flanco leste da cidade, o rio Avon, que é atravessado, vindo de Londres, pela Clopton Bridge, antes de penetrar nos lugares santos. Pois tudo aqui é consagrado ao grande dramaturgo e poeta, cognominado desde então e respeitosamente o Bardo, assim como em Salzburg encontramos a figura de Mozart até nas caixas de chocolate e, como em Illiers-Combray, no Eure-et-Loir da França, o nome de Proust está inscrito quase em toda parte. Mudou-se até o nome da localidade, acrescentando a Illiers o imaginário e eminentemente proustiano de Combray. Mesmo em Verona, na Itália, as pessoas visitam o quarto de Julieta, onde ela perdeu a virgindade, e o célebre balcão é mostrado a multidões de curiosos que talvez nunca tenham ouvido pronunciar o nome de Shakespeare.

Em Stratford, esse nome serve para tudo. Um Shakespeare Hotel, do qual uma parte data realmente do século XVI, recebe cerca de duzentos e cinquenta mil turistas por ano. Um Tussaud's Shakespearian Waxworks, sucursal do célebre museu de cera de Londres, equivalente do museu Grévin na França, oferece-lhes a reprodução do grande homem. Um outro hotel, o White Swan Hotel, lembra um teatro, o Swan

Theatre, que existe também em Stratford, sob a forma de uma fiel reconstituição do original a partir do que se sabe dele. Na Church Street, há igualmente um Shakespeare Institute que pertence à Universidade de Birmingham.

Mas o que atrai sobretudo as multidões para excelentes representações teatrais, entre abril e meados de dezembro, é o Shakespeare Memorial Theatre, grande prédio de tijolos vermelhos, edificado na margem do rio e com jardins em volta*. Monumento de Lorde Ronald Gower à glória do poeta, cuja estátua é cercada de quatro personagens de seu teatro: Hamlet, *Lady* Macbeth, o príncipe Hal, futuro Henrique V, e Falstaff, seu companheiro de libertinagem.

Na Henley Street, onde se encontra igualmente o Shakespeare Centre que abriga a biblioteca shakespeariana, e não longe de uma pousada, a Garrick Inn, que traz o nome do célebre ator do século XVIII**, os visitantes se amontoam sob os tetos baixos, com vigas enegrecidas, do *Birthplace*, a casa natal. Não se poderia afirmar, mesmo se houve um esforço louvável para mobiliá-la conforme a época e fazer ali admirar as primeiras edições das obras, que ela permanece no "estado original", como dizem os antiquários. Submetida várias vezes à cirurgia estética, alguns dizem mesmo que ela é inteiramente inautêntica como lugar de nascimento. Entramos assim na interminável espiral das disputas relativas à realidade de Shakespeare e à paternidade de suas obras.

E se, para terminar, formos nos recolher na Holy Trinity Church, diante do *Monument* erigido em 1623 – no interior de um nicho enquadrado de colunas, um busto medíocre, de pedra

---

* O primeiro Memorial Theatre foi construído em 1879. Depois de um incêndio em 1932, foi substituído por um outro mais moderno logo em seguida. É aí que a Royal Shakespeare Company se apresenta regularmente. (N.A.)

** É a David Garrick que devemos o lançamento do "culto" shakespeariano em Stratford. Em 1769, ele organizou um jubileu com desfiles, tiros de canhão e fogos de artifício. O Shakespare's Birthplace Committee foi instituído em 1847, e o Birthplace Trust em 1866, oficializado mais tarde por um ato do parlamento. (N.A.)

e cal pintada –, nessa igreja nos mostrarão com autoridade as fontes batismais que o receberam nos primeiros dias, bem como o registro em que é mencionada a data de seu batismo – 26 de abril de 1564 –, mas ficaremos talvez céticos diante da laje sob a qual ele repousa. Há alguém na sepultura ou, como para o túmulo de Mozart no cemitério São Marcos de Viena, velado por anjinhos, é somente sua lembrança? Ou, quem sabe, o corpo de um humilde ator que serviu de testa de ferro, que repousa ali para a admiração das multidões vindouras?

Quando nos deparamos com um mito, a primeira questão que vem ao espírito é esta: ele tem ou não uma realidade? Essa grave interrogação e muitas outras se colocaram a alguns intelectuais dispostos, ao que parece, a negar a realidade do grande Will, negacionistas à sua maneira: são os antistratfordianos. Eles se confrontaram, às vezes rudemente, aos ortodoxos, puros e duros, aos admiradores irrestritos do Bardo, os que fizeram de Stratford um verdadeiro lugar de peregrinação.

De fato, numerosas teses se opuseram seja para defender a memória de Shakespeare, seja para contestar que esse histrião, esse rapaz de vida desregrada, de baixa extração em todo caso, e rural, fosse verdadeiramente o autor de obras-primas como *Hamlet*, *O rei Lear* ou os *Sonetos*. Outros, como Marlowe ou Ben Johnson, que conheciam fortuna e renome, pareciam mais dignos delas. Entre parênteses, Marlowe teria sido incapaz de escrever, por exemplo, *Hamlet*, pois morreu assassinado em 1593. E por que teriam ambos utilizado um testa de ferro quando sua própria glória lhes bastava?

Mas não seria, dizem os antistratfordianos, algum nobre, personagem importante, desejoso de não revelar seu nome, que tomou o de Shakespeare, conhecido no meio teatral? Tal foi, em particular, a tese sustentada a propósito de *Sir* Francis Bacon, tese que lembra uma outra polêmica, francesa, que atribui a Corneille as peças impróprias às capacidades de Molière, um simples saltimbanco, afinal, e o que é pior, um bajulador.

Quem era *Sir* Francis Bacon?

Bacon é uma grande e importante personalidade, barão Verulam e visconde St. Albans, nascido em 1561, que emergiu na política mais ou menos no mesmo momento que Shakespeare no teatro. Dotado naturalmente de habilidade e de fortuna, é eleito à Câmara dos Comuns de 1584 a 1593, para depois prosseguir a carreira no caminho aberto pelo conde de Essex – que ele abandona oportunamente antes de este cair em desgraça e ser executado – e por Jaime I, tornando-se finalmente o grande chanceler da Inglaterra em 1618.

Francis Bacon é igualmente um cientista e um filósofo (autor dos *Ensaios*, de 1597), e era evidentemente tentador atribuir-lhe as grandes e profundas meditações de Hamlet, Lear ou Próspero. Conheceu ele Shakespeare, pessoalmente ou por suas obras? Nada se sabe com clareza. Porém era o candidato ideal para os contemporâneos e para aqueles de nossos contemporâneos que negam a identidade de Shakespeare. Aliás, à guisa de argumento, reforçou-se a de Bacon dando-lhe, por exemplo, um papel importante na seita dos rosa-cruzes que, como sabemos, manobrava os Estados por seu misterioso poder subterrâneo.

"Os baconianos têm sua sociedade, seus periódicos, seus apóstolos, seus agentes", escreve J.B. Fort, professor na Sorbonne e prefaciador da tradução das obras completas por François-Victor Hugo. A propósito dos membros dessa verdadeira franco-maçonaria, por ele qualificada de "metecos das universidades, recrutados sobretudo entre os homens da lei, os oficiais superiores e os funcionários aposentados", Fort acrescenta:

> Para os amantes de curiosidades esotéricas, não há leitura mais divertida que a dos trabalhos baconianos: decodificação de números secretos, exame à lupa de retratos e gravuras, pesquisa de assinaturas, de mensagens crípticas, de símbolos heráldicos, sem contar certas manipulações que requerem enormes engenhos. O leitor é recompensado por sensacionais

revelações: Bacon é não apenas Shakespeare, mas também, ele só, Spenser, Marlowe e todos os outros dramaturgos elisabetanos. Presidiu a versão autorizada da Bíblia (1611), escreveu *A anatomia da melancolia* (1621), algumas obras de Pope (1688-1744) e, sobretudo, era o filho secreto da rainha Elizabeth e naturalmente pretendente ao trono.

Além deste, muito peremptório, de *Sir* Edwin-Lawrence (*Bacon is Shakespeare*, 1910), o mais curioso desses trabalhos é o de A.B. Cornwall (*Francis the First, unackwowledged King of Great Britain and Ireland, known to the world as* Sir *Francis Bacon*, 1936), o qual revela que Bacon teria assassinado Shakespeare antes de morrer em 1667, e não em 1626, com a idade de 106 anos.

Contudo, houve muitos outros pretendentes além de Bacon: Edward de Vere, décimo sétimo conde de Oxford, a fina flor do reino, William Stanley, sexto conde de Derby, sustentado por Abel Lefranc (*Sob a máscara de William Shakespeare*, 1918), Roger Manners, quinto conde de Rutland, *Sir* Walter Raleigh, *Sir* Edward Dyer, a condessa de Pembroke, irmã de Philip Sidney, a quem se atribui também a redação de *A Arcádia*, romance pastoral escrito, na realidade, pelo napolitano Iacopo Sannazzaro (1504). Menos exaustivo, um crítico, Gilbert Slater, enumerou em 1931 sete shakespeares possíveis (*Seven Shakespeares*), o que já não é tão mal.

Em suma, todo mundo ou quase pôde tomar emprestada sua assinatura, inclusive uma vizinha de Shakespeare em Stratford, Anne Whateley, com quem por pouco ele não se casou.

É evidente que, se Shakespeare não é Shakespeare, todo o culto que lhe prestam em Stratford desmancha-se como um pudim ou, para ficar na Inglaterra, como uma torta de maçã que não atingiu o ponto. Mas ainda assim há provas stratfordianas; entre outras, suas 37 peças (uma delas, pelo menos, é julgada apócrifa) foram representadas e impressas, em formato in-quarto, sob seu nome e enquanto ele vivia.

Há também testemunhas. O primeiro a citar é um certo Francis Meres, contemporâneo de Shakespeare, mestre-escola depois de ter-se diplomado em Oxford: em seu livro intitulado *Palladis Tamia Wit's Treasury* (1598), não contente de qualificar Shakespeare de o autor mais eminente (*"the most excellent"*), ele enumera todas as peças já encenadas e ainda não impressas. O que não é o caso dos dois grandes poemas líricos, *Vênus e Adônis* (1593) e *A violação de Lucrécia* (1594), com dedicatória ao conde de Southampton, publicados por Richard Field, filho de um artesão de Stratford, um conterrâneo de Shakespeare. Quanto a Henry Wriothesley, conde de Southampton, trata-se de um nobre da época, muito falado, que chamaríamos nos dias de hoje um *playboy*: dotado de uma fortuna considerável, ele foi uma fonte de ajuda aos artistas de seu tempo e permitiu ao jovem Shakespeare o acesso à corte.

Os outros autores da época, Marlowe, antes de seu fim prematuro, e Ben Johnson, falam do Bardo como de um confrade, o segundo, em seu prefácio ao *Folio* de 1623 – devido a dois colaboradores próximos, John Heminges e Henry Condell, e impresso por Isaac Jaggard e Edward Blount –, com calor: "Triunfa, ó meu país, possuis um autor a quem todos os palcos da Europa devem homenagear. Ele não era de uma época, mas de todos os tempos". Shakespeare, como bom companheiro, o ajudara a montar sua primeira peça.

Do mesmo modo, poderiam testemunhar a seu favor todos os atores que interpretaram papéis de suas peças. Encontramos os nomes de 26 deles nesse *Folio*, primeira recensão oficial, quando não completa, das obras do dramaturgo de Stratford.

Contudo, a prova mais cabal, pois o sucesso suscita sempre o ciúme, é o ataque de um escritor sem sucesso, Robert Greene, que publica em 1597 um panfleto (*Greene's Groatworth of wit bought with a Million of Repentance*: Um vintém de talento ganho com um milhão de arrependimentos) no qual ataca "um corvo pretensioso ornado de nossas plumas", "com um coração de tigre sob a pele de ator", que se considera como "*the only shake-scene*", o único capaz, literalmente – todos sabem o que quer dizer *shake* –, de "sacudir uma cena", "coração de tigre", referindo-se claramente a um verso da terceira parte de *Henrique VI*: "*O Tiger's heart wrapt in a woman's hide*" ("ó coração de tigre envolto em pele de mulher"). Robert Greene morreu num catre, na miséria, abandonado por todos – aqui se faz, aqui se paga.

Seja como for, para dar um fim a essas querelas puramente literárias, há felizmente o estado civil e as peças oficiais: registros paroquiais, como o da Holy Trinity Church, em Stratford, documentos de cartório, contratos diversos e também registros de polícia ou depoimentos na justiça*. Graças a eles, para alguém cuja existência mesma foi contestada, a vida de Shakespeare é afinal bastante conhecida, assim como a de sua família.

---

* Na falta do menor manuscrito, ou da menor correspondência, tem-se ainda assim a assinatura de Shakespeare, julgada autêntica, embora o nome se apresente em 23 ortografias diferentes. Mas podemos nos interrogar sobre os conhecimentos em ortografia da época. (N.A.)

Controle de identidade

É justamente por um auto de infração que vamos conhecer o pai, John Shakespeare: em 1552, ele recebe uma multa por ter acumulado lixo diante de sua porta na Henley Street. Mas William ainda não nasceu: isso acontecerá doze anos mais tarde. O registro paroquial testemunha que foi batizado em 26 de abril de 1564. Como na época havia pressa de batizar os recém-nascidos, por causa da mortalidade infantil, supôs-se que ele veio ao mundo no dia 23. É a data oficial.

John Shakespeare é originário de uma pequena aldeia, Snitterfield, vizinha de Stratford. Em 1557, desposou Mary Arden, de Wilmcot, filha de um proprietário bastante abastado para o qual John trabalhava. De início agricultor (*yeoman*), este parece ter exercido, como devia ser comum em localidades de pouca importância, outras atividades, entre as quais a de cervejeiro ou a de comerciante de lã. Foi membro da guilda dos luveiros e seleiros. Membro do conselho municipal, oficial de polícia (*constable*), primeiro adjunto da municipalidade, enfim magistrado da cidade, ele pertence à *middle-class* inglesa. Comerciante e artesão ao mesmo tempo, seus negócios deviam ir bem, como o prova uma relativa ascensão social, já que não demorou muito para ter condições de adquirir duas casas: o atual *Birthplace* e uma outra em Green Hill Street.

E se posteriormente conheceu alguns aborrecimentos, por causa de dívidas – uma hipoteca que não conseguiu resgatar, o que resultou em um processo –, pelo menos se restabeleceu suficientemente para obter em 1596 uma patente real que lhe confere brasões contendo uma lança (*spear*), brasões descritos em dois documentos nos quais aparecem também reproduzidos: "Sobre campo dourado e faixa de areia, uma lança com ponta prateada e, por cimeira ou reunião, um falcão de asas abertas, erguido sobre uma coroa em suas cores, a parte superior do escudo sendo em ouro e aço fixado sobre elmo com enfeites". William adotará esses brasões, não sem justiça, pois contribuiu, em razão de sua celebridade nascente e de suas novas relações, para que o pai os obtivesse, depois de um primeiro pedido ter sido rejeitado.

John Shakespeare, católico – isso é importante –, teve oito filhos, igualmente atestados pelos registros paroquiais. Os dois primeiros a nascer, meninas, não sobreviveram. O terceiro, William, viu-se então como o mais velho; uma terceira menina morreu jovem, depois vieram mais três irmãos, Gilbert, Richard, Edmund, e uma irmã, Joan. Supõe-se que ele teve uma escolaridade mais ou menos normal na *Grammar School* de Stratford, onde aprendeu "um pouco de latim", língua ainda empregada em todos os atos oficiais, e "menos de grego". É Ben Johnson que o diz em seu poema-prefácio ao *Folio* de 1623. Aprendeu igualmente a retórica, muito valorizada na época, e certamente dedicou muito tempo à leitura, mesmo supondo que gazeteasse na escola.

No começo do século XVIII, Nicholas Rowe, tradutor e exegeta de Shakespeare, acreditou descobrir que, aos catorze ou quinze anos de idade, ele ajudou o pai como aprendiz. Mas que filho não deu uma ajuda ao pai quando a necessidade se fazia sentir?

Dessa infância e dessa adolescência não se sabe grande coisa. Em compensação, temos muitas informações sobre o casamento do jovem William, e nesse ponto duas vezes, não somente uma. Eis a razão.

Em 27 de novembro de 1582 – Shakespeare tem, portanto, dezoito anos –, o bispado de Worcester, no qual foi feito o registro, concede uma licença de casamento a "Willelmun Shaxpere e Annam Whateley", de Temple Grafton. Uma licença especial, pois era proibido celebrar casamentos em certas épocas do ano, em particular entre o Advento (2 de dezembro) e o oitavo da Epifania (13 de janeiro). Essa licença antecede um ato no dia seguinte, 28 de novembro, porém, nesse meio-tempo, o nome da noiva mudou: Anne Whateley, de Temple Grafton, é substituída por Anne Hathaway, de Stratford, que se opôs à licença "especial".

Essa corrida ao casamento – o definitivo, com Anne Hathaway, foi de fato celebrado, mas provavelmente não em Stratford – não significa que William tivesse a ideia de ser bígamo. A explicação muito simples aparece quando consultamos, no registro paroquial de Stratford, a data do batismo de Suzanna, filha de William Shakespeare e Anne Hathaway: 26 de maio de 1583, seis meses após as núpcias. Anne, oito anos mais velha que seu jovem marido, tinha assim razões de se mostrar tão apressada. E William, de mudar de opinião.

Após o casamento, os atos se sucedem: arrendamentos, aquisições, testamento. Também os nascimentos: dois gêmeos em 2 de fevereiro de 1585, um menino, Hamnet, e uma menina, Judith, que fará as delícias de um Shakespeare mais velho e de volta, definitivamente, à terra.

A vida passa, dia após dia, e não é feita apenas de nascimentos. John, o pai, morre em 1601, dia 8 de setembro, e sua mulher em 1608, dia 9 de setembro, quase no mesmo dia, sete anos depois. Antes, William perdeu um de seus gêmeos, Hamnet, enterrado em agosto de 1596. Seus irmãos mais moços também desaparecem: Gilbert em 1612 e Richard em 1613; Edmund, ator como William, já havia morrido em Londres em 1607.

Felizmente há alguns casamentos para compensar: em 1607, Suzanna, a filha mais velha de William, casa com um médico de Stratford, dr. John Hall, que a seguir ficou célebre por suas *Select Observations on English Bodies*, publicadas em 1657 após sua morte. O livro menciona alguns tratamentos inteiramente revolucionários na época, como a erradicação do escorbuto por uma mistura de ervas e cerveja sem álcool.

Judith só se casará em 1616, com Thomas Quiney, filho de um dos velhos amigos do Bardo, ex-prefeito de Stratford. Casamento apressado, celebrado sem a famosa licença especial, em plena Quaresma, o que por pouco não ocasionou, em 11 de maio, na corte consistorial de Worcester, da qual dependia Stratford, um processo de excomunhão contra o casal: "*Quod nupti fuerunt absque licencia, Excommunicatio emanatur*"*.

Shakespeare, chocado ao ficar sabendo, durante os preparativos do casamento, da má conduta do futuro genro com uma certa Margaret Wheeler que ele engravidara, decidiu omitir Quiney de seu testamento, do qual falaremos agora, citando uma anedota bastante divertida, um caso de "duplo leito", mas que nada tem a ver com o que poderia ter sido o estranho duplo casamento de Shakespeare.

Conservado em Londres, na Somerset House, centro dos arquivos notariais, esse testamento conta três folhas em formato grande, redigidas certamente por um terceiro e assinadas, com três ortografias diferentes, pelo testador. O documento, que não faz menção alguma ao destino das obras, publicadas até então somente em in-quarto, e muitas vezes de maneira aproximativa, termina pela fórmula: *Inventorium exhibitum*, inventário dos assuntos pessoais do defunto, sem mencionar sua biblioteca – o que teria nos informado mais sobre suas leituras –, nem as edições de suas obras completas, ou suas variantes, talvez manuscritos com – quem sabe? – alguns inéditos. É provável que o Bardo, sobretudo no fim da vida, tivesse em reserva algumas peças esboçadas, que punha em forma quando surgia a necessidade, isto é, quando era preciso mudar o cartaz ou quando um tema se mostrava atual.

Quanto a seu casamento com Anne Hathaway, ele já durava 34 anos, uma longa vida conjugal, transcorrida, é verdade, com um certo distanciamento: William vivendo em Londres e Anne em Stratford.

No entanto, admite-se que ele era muito apegado à terra natal, à qual voltava frequentemente, procedendo, com o que ganhava de suas peças, a aquisições de bens suplementares, como uma das mais belas casas da cidade, New Place, sem contar terras – setecentos acres cultiváveis no setor de Warwick, uma parte num terreno vizinho de Stratford, além de uma propriedade com granja e jardim em Stratford.

---

* "Aqueles que se casarem sem licença serão excomungados". (N.E.)

Shakespeare era muito apegado também às duas filhas, que ele se preocupou em casar bem. Quanto ao casamento de Suzanna, foi bem-sucedido. Ou quase: em 1613, um rumor de adultério pesou sobre ela, rumor ignóbil que o pai fez calar movendo um processo contra o difamador. Mas o marido de Suzanna, médico, não passava o tempo todo a percorrer o campo a cavalo? Quanto a Judith, como vimos, surgiu um problema. Como Shakespeare se indispôs com Thomas Quiney, o marido de Judith, ele reduziu a parte da herança desta, modificando seu testamento em março de 1616. Ele morrerá no mês seguinte.

Mas aqui está a anedota.

Entre outros legados de maior ou menor importância, sobretudo a seu intérprete favorito, Richard Burbage, e aos editores John Heminges e Henry Condell que haveriam de publicar o *Folio* de 1623 – 26 *shillings* e oito *pence* a cada um para que adquirissem um anel em lembrança do defunto –, uma cláusula estipula que o testador lega à viúva – um terço de todos os rendimentos e o usufruto de New Place estando de todo modo previsto por lei – "*my second bed best*". E eis aí como, a propósito de Shakespeare, tocamos rapidamente o dedo nas dificuldades de tradução.

Alguns quiseram ver nessa disposição testamentária um aditivo em acréscimo, um sinal de desprezo ou mesmo de rancor em relação à mulher, e a traduziram por: "O menos bom de meus dois melhores leitos". O que explicaria, séculos mais tarde, a indelicada observação de um dos personagens de *Ulisses*, de Joyce, um pouco antes de Stephen Dedalus fazer, à sua maneira muito pessoal, a exegese de Hamlet: "*Shakespeare made a mistake and got out of it as quickly and as best he could*" ("Shakespeare cometeu um erro, do qual saiu tão rapidamente e da melhor forma que pôde").

É verdade que William, depois do casamento, não permaneceu muito tempo junto da esposa. O que não quer dizer que a negligenciava, já que afinal teve três filhos com ela. Em qual dos dois leitos os engendrou? Pois fazemos as palavras dizerem o que queremos – ou, no caso de um tradutor, o que podemos. Assim, essa frase sibilina pode ser interpretada como: "Meu segundo melhor leito". O que muda tudo e poderia constituir, ao contrário, um sinal de afeição. Ou, ainda, extrapolando sobre *best* e sobre *second*: "Meu excelente leito de dois lugares", o que é ainda mais amável.

Shakespeare, mesmo tendo explorado muito a maldade em alguns de seus personagens – como não vilipendiar Ricardo III e *Lady* Macbeth? –, não era, os testemunhos o provam, nem maldoso nem rancoroso. Talvez soubesse bem demais o que era o Mal por ter-se aproximado dele e constatado seus efeitos devastadores. O amigo e contemporâneo Ben Johnson, autor de *Volpone*, diz que ele era íntegro, de uma índole franca e aberta: "*He was indeed honest, and of an open and free nature*". Certamente um pouco voltado aos bens materiais, porém, em seu meio, todos eram, alguns de um modo considerável. E que podia haver de mais sensato do que aplicar o dinheiro quando ganho honestamente?

Ademais, no que se refere à sua vida sentimental, nada prova que tenha sido infiel a Anne Hathaway, apesar da distância e do tempo. A menos que, retomando, traduzamos sua fórmula testamentária por: "Meu melhor segundo leito", o que significaria que ele tinha um outro em Londres e que Henley Street, e mais tarde New Place, eram apenas suas residências secundárias.

Veremos isso adiante e veremos também que na realidade, Shakespeare tinha uma só e única amante – como os personagens dúplices que se debatem em *Sonho de uma noite de verão*: essa amante é Talia que, desde a Antiguidade, reina sobre a gente do teatro e a inspira.

Enquanto isso, e como toda pesquisa de identidade deve ser completada por um retrato, nem que seja um retrato falado, vejamos um. E até mesmo vários.

A que se assemelhava, então, esse Shakespeare de múltiplas faces? Não temos nenhum quadro de grupo como o de Fantin-Latour, com Rimbaud, nenhuma foto de família como a de Nodier e do Arsenal*. Não temos retratos dele em pé e muito poucos de seu rosto.

O que parece o mais autêntico – não ousamos dizer: o mais parecido –, o Retrato Chandos (National Portrait Gallery), mostra um homem ainda jovem, mas com o crânio já bastante desguarnecido, uma testa saliente, bigode e barba estreitos, um brinco na orelha esquerda: muitos marinheiros, atores e pessoas do povo o usavam.

Shakespeare deve ter então uns trinta anos, idade do começo da carreira londrina. Sua obra teatral é ainda pequena, a obra poética um pouco menos, porém já assinalada. Percebe-se em seu olhar a determinação de alguém que quer a todo preço ser bem-sucedido e, no conjunto dos traços, uma fisionomia inteiramente de acordo com o seu tempo, com a Londres agitada e superpovoada onde vai viver agora, citadino chegado há pouco da província, mas já bem adaptado à capital, onde o célebre *fog*, devido principalmente à civilização industrial, ainda não reinava, onde às vezes havia no ar, remontando o Tâmisa, vastos eflúvios marítimos.

Um outro retrato é uma célebre gravura, feita pelo escultor Martin Droeshout, por encomenda de Ben Johnson, e impressa desde 1623 no célebre e incontestado *Folio*. É ela que vai representar Shakespeare através dos séculos como uma espécie de ícone. O crânio está ainda mais desguarnecido, a barba desapareceu, o brinco na orelha também, sobre o lábio desenha-se um fino bigode. Se confiarmos nela, com a gola do traje aberta e tendendo ao colarinho de pregas, com o aspecto mais compenetrado do modelo, poderemos supor que data de um período posterior de sua vida, o da maturidade, e mesmo o que se aproxima da velhice: olheiras sob os olhos, pálpebras mais pesadas, expressão um tanto distante no olhar.

Temos aí, mais ou menos com certeza, duas representações de Shakespeare em diferentes épocas de sua existência e podemos acrescentar a esses raros retratos uma máscara

---

* Em 1824, Charles Nodier foi nomeado conservador da Biblioteca do Arsenal em Paris. (N.E.)

mortuária que não traz muitos elementos novos, mas que foi comprada de um colecionador em 1960, pela cidade de Darmstadt, pela quantia de 35 mil dólares.

É possível que nenhum desses retratos seja realmente o de Shakespeare. Um outro, o Retrato Flower, exposto na Royal Shakespeare Company, foi vivamente contestado, os raios X tendo revelado, ao que parece, que foi pintado no século XIX a partir de uma tela italiana do Renascimento, representando a Virgem e o Menino Jesus. Que rosto tinha então o Soldado desconhecido? E por que uma prova material é sempre necessária? Mas um último retrato, que podemos preferir, pelo menos dessa época, o final do século XVI, e provavelmente anterior ao Retrato Chandos, é o que pode ser visto no Victoria and Albert Museum. Shakespeare usa um chapéu, ornado de uma discreta pluma, o que impede uma referência sobre sua calvície. Aparece também com barba e bigode. A cor da barba, se as tintas não nos enganam, faz pensar indiscutivelmente em um ruivo, o que não é muito evidente na gravura ou no Retrato Flower. Datado de 1588, este é de autoria de um artista chamado Nicholas Hilliard. É o que escolheremos para o próximo episódio da vida de William Shakespeare.

Os anos obscuros

Somos obrigados a reconhecer que, com exceção do nascimento dos filhos, sabemos muito pouco de William Shakespeare entre a data de seu casamento, em 1582, e seu o primeiro sucesso de dramaturgo, em 1592. Nesse período, porém, ele está na flor da idade, certamente são seus anos de aprendizagem, os mais interessantes, quando o caráter se afirma e quando se esboça uma carreira.

A respeito desses anos, várias hipóteses foram propostas, algumas plausíveis, outras mais duvidosas e até mesmo bastante fantasiosas. Assim são as lendas, a pequena história enxertada na grande, a verdadeira. Pelo menos, em princípio. Em todo caso, a que faz as reputações.

A tradição oral – justamente aquela pela qual se formam as lendas – quer que Shakespeare tenha sido obrigado a fugir de Stratford por causa de uma caça proibida nas terras de um fidalgote, *Sir* Thomas Lucy, que por azar era também juiz de paz. A anedota foi relatada por um pastor, Richard Davies, de quem nos chegou uma nota manuscrita. É para se vingar de seu acusador que Shakespeare teria inventado – e ridicularizado, tanto em *Henrique V* quanto em *As alegres matronas de Windsor* – o personagem do juiz Shallow.*

Em 1681, John Aubrey se baseia nas palavras de um ator, Beeston, para afirmar que Shakespeare foi mestre-escola. Onde? Não se sabe. Um outro, mais contemporâneo de nós, E.I. Fripp, acreditou descobrir, em 1930, que ele foi auxiliar de um jurista. Duff Cooper, em seu livro *Sergeant Shakespeare*** (1949)[1], faz dele um subtenente do exército que teria guerreado até na Holanda. Diz-se, igualmente, que pertenceu ao séquito de um nobre, que foi doméstico, secretário, poeta assalariado ou até, como quer outra lenda, mais tenaz, palafreneiro à porta

---

* O termo significa néscio, frívolo, banal. (N.T.)

** As notas bibliográficas, numeradas, encontram-se no fim do volume, p. 232. (N.E.)

dos teatros. Chegou-se inclusive a propor – o mesmo em relação a Marlowe, o contemporâneo capital – que foi agente secreto por conta da Organização Walsingham, precursora do Serviço de Inteligência, segundo Henri Fluchère.* Mas o mais provável é que, atraído muito cedo pelo teatro – em sua juventude, pelo menos 25 trupes passaram por Stratford, entre 1569 e 1587 –, ele tentou ganhar a vida como ator, numa das companhias itinerantes que, do mesmo modo que as matilhas de galgos de caça ou as tripulações de veleiros, pertenciam a grandes senhores, tais como o conde de Pembroke, o conde de Sussex ou o Lorde Strange.

Na época, porém, os papéis de iniciante, se ele não era apenas um figurante, deviam ser muito modestos para que seu nome aparecesse, mesmo em caracteres minúsculos, num cartaz ou programa. O sucesso, no teatro como em toda parte, é uma questão de paciência e determinação. De motivação também.

E o que podia atrair irresistivelmente um aprendiz de ator, assim como inumeráveis indivíduos, em uma onda migratória cada vez mais consequente? Londres, a metrópole na qual se podia encontrar ao mesmo tempo riqueza e celebridade.

Da Londres da época, convém dizer uma palavra, referindo-nos ao monumental e muito importante livro de Peter Ackroyd: *Londres, A biografia*[2], sobre a capital britânica, que ele descreve sob todos os ângulos, em todos os seus estados e em todas as épocas, qualificando-a, o que é muito significativo, de "cidade teatral". Peter Ackroyd baseia-se, aliás, em um documento raro, praticamente o único da época, intitulado *A Survey of London*, de autoria de John Stow. Uma espécie de guia Baedeker elisabetano, reeditado em Oxford em 1908. Antiquário e cronista, londrino típico, Stow ia a toda parte a pé. Sua tarefa custava-lhe "léguas de marcha, muitos *pennies*

---

* Henri Fluchère, professor na Universidade de Cambridge e depois em Aix-en-Provence, é um dos mais eminentes especialistas franceses de Shakespeare, do mundo elisabetano e do teatro inglês em geral. Foi ele quem dirigiu a primeira edição da Pléiade, em 1959. Ver as *Referências*, p. 229. (N.A.)

e libras ganhos com o suor do rosto, e muitas noites frias de inverno dedicadas ao estudo".

Eis o que escreve Peter Ackroyd:

> Londres, no início do século XVI: grandes moradias repousando sobre arcos e guarnecidas de portas de pedra. Viam-se ainda muros, pilares, pedras de calçamento do período romano. Muitos deles estavam sendo destruídos no momento em que Stow efetua suas pesquisas. A Reforma inaugurada por Henrique VIII pôs em marcha uma brusca metamorfose das edificações, assim como da fé dos londrinos. A dissolução das abadias, das igrejas e dos asilos traduziu-se particularmente por uma febre de demolição e de construção. Alguns bairros da cidade deviam se assemelhar a um vasto canteiro de obras, enquanto outros iam se desagregando lentamente, sumindo aos poucos: *sore decayed*, muito deteriorados, segundo Stow.
> Estima-se a população em 85 mil, em 1565, e em 155 mil, em 1605, sem falar dos habitantes das *liberties*, franquias ou imunidades, zonas no exterior da jurisdição da cidade: o número desses habitantes extramuros devia chegar a vinte mil. Estima-se que um inglês em cada seis tornou-se londrino durante a segunda metade do século XVI.

Portanto, é em Londres que chega, no começo dos anos 1580, com seu chapéu de pluma, o fogoso jovem do capítulo precedente. Sua presença é atestada em 1582 por John Aubrey, que escreve: "Esse William, naturalmente voltado para a poesia e a arte do comediante, veio a Londres com cerca de dezoito anos. Foi ator num dos teatros e tem se saído extremamente bem".

Pois o jovem William não se contenta em representar a comédia, ele também a escreve, e é provavelmente nessa época que põe no papel uma comédia que só produzirá mais tarde, em dezembro de 1594, na Escola de Direito de Gray's Inn, em Londres, por ocasião das festas de fim de ano: *A comédia dos erros*. Dois pares de gêmeos, senhores e servidores, são postos em cena, criando inúmeros quiproquós e situações inverossímeis. É uma peça muito bem-sucedida, que denota já um senso agudo da técnica teatral, Shakespeare conduzindo a intriga, bastante complicada, com uma precisão de relojoeiro, sem nunca perder o fio, acompanhada de um diálogo cintilante, cheio de humor ou, mais exatamente, daquele *wit* traduzido de forma um tanto abusiva e restritiva por "espírito" e que é, por assim dizer, a característica dos autores de comédias na Inglaterra, da época elisabetana aos nossos dias, passando pelos brilhantes dramaturgos do século XVIII, como Richard Sheridan (*A escola da maledicência*), ou os da era vitoriana, como Oscar Wilde (*Da importância de ser constante*, *Um marido ideal*, *O leque de* Lady *Windermere*).

Essa primeira comédia de Shakespeare nos informa igualmente sobre suas leituras, pois não há dúvida de que lia muito, e sobre sua cultura. É interessante saber o que ele recolheu como clássicos. Por exemplo, é certo que teve conhecimento de Plauto, já que *A comédia dos erros* retoma *Os Menecmas*. Plauto haveria de ser bastante útil a Molière para *O avarento* e, sobre o mesmo tema dos sósias, para *Anfitrião*. Shakespeare irá lembrar-se dele no momento de escrever, mais tarde, *Noite de Reis*, baseado igualmente na semelhança de gêmeos.

Ele também lia livros de história, esta estando então em moda para uma população curiosa de conhecer suas raízes e seu passado. As peças históricas eram inumeráveis: *Eduardo II*, de Marlowe, *A duquesa de Amalfi*, de Webster, *A tragédia do vingador*, de Tourneur, sem contar os livros de história pura, como os de Thomas Morus* (*História de Ricardo III*, 1513), de Edward Hall (*Crônicas*, 1547) e, sobretudo, essencial, de Holinshed (*Crônicas da Inglaterra, da Escócia e da Irlanda*, 1587).

Shakespeare tinha em sua biblioteca, como todos os letrados da época, seu Plutarco, seu Suetônio, e conhecia igualmente Sêneca, o que nos valeu o grand-guignolesco *Tito Andrônico*, uma peça tão ruim que por muito tempo

---

* Thomas Morus (1478-1535). Político e humanista inglês, autor de *A utopia* (1516). Executado por ter-se oposto ao divórcio de Henrique VIII. (N.A.)

hesitou-se em atribuí-la a ele. François-Victor Hugo a considera apócrifa, embora a tenha traduzido e classificado entre as obras completas. O crítico J.M. Robertson julga que é uma obra coletiva: autores como Marlowe, Kyd e Greene teriam participado, enquanto Shakespeare teria procedido depois à revisão do trabalho em comum, como se fazia nos ateliês de artistas do Renascimento ou, mais perto de nós, entre os roteiristas de Hollywood.

Ainda assim, é ao jovem Shakespeare, qualificado por Brecht de *chef dramaturg*, que sem dúvida alguma se devem alguns dos monólogos brilhantes da peça, suas passagens mais grandiosas e verdadeiramente poéticas, ainda que ela ofereça ao público apenas uma longa série de assassinatos e crimes diversos. *Tito Andrônico* banha-se em sangue, o que os desvios de uma sociedade romana conhecida por seu refinamento e seu senso do progresso talvez não justificassem. É também pouco provável que ela se entregasse a cenas de canibalismo, como a que encerra a tragédia. Porém, no plano da gastronomia, o *Tiestes* de Sêneca se equipara, pois, no cardápio servido por Atreu, o pai come os próprios filhos sem saber.

Esse espetáculo digno de Antonin Artaud, autor do *Teatro da crueldade*, assemelha-se muito, a começar pelo título – *A lamentável tragédia de Tito Andrônico* –, a um divertimento de estudantes. Melhor construída e mais pessoal, cumpre reconhecer que, em matéria de crueldade, *A tragédia de Ricardo III*, segunda ou terceira peça de Shakespeare, não fica muito atrás. Matadores profissionais sufocam crianças em seu leito, na Torre de Londres, ou afogam sua vítima em um tonel de malvasia; assassinatos são praticados sem pudor. Sentado sobre um monte de cadáveres, Gloucester, o personagem principal, é um verdadeiro monstro, no aspecto moral e físico, que realiza seus crimes com uma espécie de alegre entusiasmo e de gozo no Mal.

Os *punks* e os "góticos" de hoje, nascidos de imaginações delirantes, também não têm outra finalidade senão espantar, chocar e liberar a sua agressividade. Mas não nos equivoquemos: esses jovens elisabetanos que ocupavam ilegalmente, como veremos, pátios de albergue em Londres, antes de construírem seus teatros, ou que percorriam estradas muitas vezes inexistentes, para ir apresentar, de vilarejo em vilarejo, ou de castelo em castelo, seus espetáculos, diante de públicos os mais diversos, desde o simples camponês até o nobre protegido do frio em seu solar, esses rematados patifes não careciam, além do que podemos chamar sua petulância, nem de talento nem de erudição.

De fato, os autores pertencentes à geração que precede a de Shakespeare ou imediatamente contemporâneos foram cognominados os *University Wits*, já que procediam todos – Greene, Marlowe, Ben Johnson – de Oxford ou de Cambridge. Pode-se facilmente imaginar que houve entre eles uma espécie de competição intelectual, cada um buscando temas originais ou retomando sem pudor temas já explorados por outros. Mas isso sem perder de vista que se tratava, a cada representação, de dirigir-se ao mesmo tempo ou sucessivamente, dia após dia, à cultura na verdade bastante limitada do castelão e, sobretudo, à sensibilidade do público popular, que se podia assim atrair apelando a seu senso patriótico (ou militarista). Os autores citados não se privavam disso, e Shakespeare não foi uma exceção. Também ele conhecia sua história, tanto a antiga como a de seu próprio país, ou a história da França, como o mostra, a despeito de uma série de erros históricos, seu *Henrique VI,* cuja ação se passa durante a Guerra dos Cem Anos.

Shakespeare é esperto. Para a Inglaterra, em pleno reinado elisabetano, ele escolhe temas e personagens de uma época passada, tal como se um dramaturgo de hoje evocasse, para falar da França e para não ferir ninguém, a Guerra de 1870, Sedan, a Comuna e o nascimento da Terceira República. Escolhe os que já estão bastante recuados no tempo, evitando cuidadosamente a época flamejante de Elizabeth I.

De resto, o que ele diria dessa época, senão para exaltar sua glória, ele que nunca será um bajulador ordinário? Assim, ao contrário de Schiller, não escreverá sobre o fim trágico de Mary Stuart, nem, como Victor Hugo, sobre os anos difíceis de Maria Tudor, a rainha sem descendência, nem sobre as intrigas do conde de Essex. Em contrapartida, a época anterior, até Henrique VIII inclusive, é o Bulevar do Crime. E o que ele diz é expressamente formulado. Do mesmo modo, pode-se dizer a verdade aos soberanos tirando exemplos de um passado ainda muito recente, não mais que um século, porém capaz de fazer vibrar intensamente a fibra patriótica do espectador, como é o caso da Guerra das Duas Rosas.

Os franceses nunca compreenderam essa guerra que haveria de devastar a Inglaterra de 1450 a 1485. Muitos ingleses também não. Sem falar, a seguir, dos diferentes casamentos de Henrique VIII, em um conflito com o papa que deu origem a uma nova Igreja e a uma nova rainha, esta brilhante, depois de muitas vicissitudes. Não é inútil lembrar que, filha de Ana Bolena, executada por suspeita de adultério, Elizabeth esteve presa durante vários meses, por causa de suas pretensões à sucessão, no reinado de Maria Tudor.

Shakespeare, portanto, não é um escritor combatente. Não é nem um polemista, nem um provocador, nem um adepto da *agit-prop*.* Revolucionário, mas unicamente no palco. Ali ele é o mestre das emoções do público, entre duas canecas de cerveja. Mesmo se percebe claramente de onde vem o vento, esse é o seu engajamento pessoal. E sua segurança contra todos os riscos.

Falávamos da guerra. Ela opunha dois ramos dos Plantageneta na conquista da coroa: os York, cujo emblema era a rosa branca, e os Lancaster, a rosa vermelha. E é apenas a morte em combate de Ricardo III, em Bosworth – "Um cavalo! Meu reino por um cavalo!" –, que leva ao poder o último dos Lancaster, um Tudor, sob o nome de Henrique VII.

Os Tudor... Shakespeare, ainda jovem e pouco a par das tramoias da corte, porém dotado de uma intuição que faz parte

---

* Agitação política. (N.T.)

integral de seu gênio, diz a si mesmo que talvez não fosse má ideia evocá-los, pois é a descendente deles que se acha no trono. Não se trata de agradar, mas de celebrar a linhagem e, por conseguinte, a legitimidade dessa rainha. Ele lança os nomes como dados em uma mesa de jogo, e é Henrique VI que sai primeiro, Henrique VI cuja infância justamente preludiou a Guerra das Duas Rosas. Esse é o personagem cuja trajetória ele vai acompanhar para iniciar a série de suas peças históricas; a que se refere a Henrique VIII, pai de Elizabeth, ficará prudentemente reservada para o final de sua carreira, após a morte da soberana. "O que é essa gente que não sabe contar até vinte?", ironizava o poeta Jacques Prévert a propósito dos Luíses da França. Que dizer, então, dos Henriques?

Em Stratford, em suas estadias na capital ou durante as turnês como comediante com diferentes trupes – desde a chegada a Londres tornou a partir quase em seguida para intermináveis viagens à maneira de um capitão Tornado, nas quais forjava seu ofício e garantia sua subsistência –, Shakespeare teve tempo de trabalhar. Podemos imaginá-lo nos albergues ou abrigos provisórios escrevendo, enquanto os colegas repousam ou se entregam à farra; ou diante de um fogo de lareira, rabiscando sobre os joelhos, com os dedos enregelados, para depois fazer à trupe a leitura das últimas cenas escritas. Recebe elogios, críticas também, cada um "acrescenta seu grão de sal", alguns atores, mais experientes, manifestam a preferência por esse ou por aquele papel, outros se preocupam com a boa recitação dos versos; aplaudem-se as passagens bem-sucedidas, pois convém não esquecer que o dramaturgo dessa época, assim como Molière para Baron ou Racine para a Champmeslé, escrevia em primeiro lugar para o ator. E mais: com Shakespeare, era um ator que inventava as réplicas para outros atores, seus conhecidos, um ator que imaginava os personagens em função dos modelos que tinha sob os olhos, com os quais vivia cotidianamente e dos quais conhecia bastante bem o temperamento e as capacidades.

To be or not to be talvez não tivesse existido se esse célebre monólogo não fosse destinado a Richard Burbage.

A peça, portanto, é como obra de artesanato. Diz-se mesmo que outros dramaturgos da época, como Nashe ou Peele, participaram do nascimento de *Henrique VI*, ou serviram de modelos em uma outra peça. Esse grande número de colaboradores explica talvez que, em lugar de uma única obra, tenhamos três seguidas, as três partes de *Henrique VI*, primeira obra catalogada de Shakespeare.

Tendo sido escrita provisoriamente – como quase todo o seu teatro, ela será revisada, corrigida, melhorada ao longo das representações –, a peça estreará em Londres em março de 1592.

A particularidade dessa trilogia de mais de dois mil versos, que trata com muita liberdade, como dissemos, a verdade histórica – por exemplo, fazendo Talbot morrer mais cedo, quando ele foi morto na batalha de Castillon, na Aquitânia, no final da Guerra dos Cem Anos –, é "trajar", seria mais correto dizer "ultrajar", a Joana d'Arc francesa, inimiga hereditária dos ingleses, e sobretudo de Talbot. Embora Carlos, o delfim*, não seja mais elogioso em relação a ela, a heroína é tratada de devassa, feiticeira, diaba e vampira. Não menos que isso. Sua troca verbal com Talbot, do alto das muralhas de Orleans, é um grande momento do teatro.

Outra curiosidade da peça: a primeira aparição de Falstaff. Como dissemos, Shakespeare vinga-se assim de um juiz que o acusara de caçar em terras proibidas. Não é necessário fazer seu retrato. Todo mundo, se podemos dizer, o conhece: obeso, truculento, grosseiro e até mesmo obsceno, sua bazófia só se iguala à sua covardia, e seu principal feito de armas, em *Henrique VI*, é fugir no auge da batalha semeando o pânico – com o que lhe resta de tropas. O que lhe vale ser despedido – *fired*, em inglês – pelo rei. Antes, ele fora o companheiro de devassidão do futuro Henrique V que, coroado e ajuizado, não quis mais saber dele.

---

* Carlos VII, rei da França de 1422 a 1461. (N.T.)

Pouco tivemos a ocasião, com exceção do Festival de Avignon, de ver representada na França *Henrique VI*: peça muito longa, personagens demais, cenários demais, quando o teatro elisabetano, como veremos mais adiante, pouco se preocupava com esses detalhes. Cenário, aliás, não havia. Os inúmeros *morceaux de bravoure**, as entradas e saídas incessantes dos personagens, os múltiplos lugares de ação, os diálogos incisivos, verdadeiras disputas verbais, nos oferecem uma boa primeira imagem desse teatro fundador, da "muito anárquica dramaturgia de Elizabeth da Inglaterra", segundo a expressão de Jean Vilar. Ao longo dessa trilogia, certamente imperfeita, mas generosa de tom, de invenções, de peripécias, o público londrino se regalava com batalhas incessantes, com as réplicas de Talbot e da Donzela, com o ridículo dos franceses. Infelizmente, esse incontestável sucesso não teve continuidade. Três meses após a estreia, em junho de 1592, o teatro e todas as salas fecham suas portas num raio de sete milhas em torno da sede urbana, por causa da peste, recorrente na Inglaterra da época. William conhece o desemprego, técnico, dessa vez. Mas ele não tem mais dezoito anos, está com quase trinta.

Então, para ocupar o tempo – e é bom ter várias cordas na lira –, ele dá livre curso a seus dons de poeta, que já haviam se exercitado ao longo dos dois mil versos de *Henrique VI*, e escreve sucessivamente *Vênus e Adônis* (1593) e *A violação de Lucrécia* (1594). Esses poemas serão as primeiras obras verdadeiramente impressas de William Shakespeare, assinadas apenas por ele.

---

* Partes de uma obra particularmente brilhantes. (N.E.)

My gentle Shakespeare

A expressão é de Ben Johnson, o amigo de sempre.

Se dermos a *gentle* sua acepção habitual, doce, amável ou simplesmente gentil, sem esquecer que ela entra na composição de *gentleman*, a palavra poderia caracterizar o Shakespeare desses anos, que não era mais exatamente um jovem, mas um adulto.

O que é um jovem? Alguém que acabou de sair da adolescência, com frequência ainda submetido à afeição materna, às vezes à autoridade do pai, alguém que ainda tem muitas ilusões e que pode sentir-se angustiado com a ideia do futuro indeciso à sua frente.

O que é um adulto? Alguém que já conheceu um certo número de experiências, das quais retirou alguma satisfação ou, ao contrário, decepções. O futuro não está traçado, porém já se conhece um pouco mais os homens, sobretudo esse conglomerado curioso feito de ricos e pobres, bons e maus, talentosos e incapazes, aristocratas e plebeus, que chamamos de sociedade.

Com cerca de trinta anos, Shakespeare não é mais uma "perdiz da última ninhada". Vai abrindo como pode um caminho no teatro, tomando a via mais segura que é fazer relações, ou melhor, quando se começa, fazer amigos, alguns dos quais, como Ben Johnson, permanecerão fiéis. E de repente esse caminho, que não era apenas bordado de rosas, vermelhas ou brancas, é barrado. Que fazer?

Adiantemos que Shakespeare não deve ter se sentido tão desolado por não poder mais se exprimir no palco como autor ou como ator. Seu sonho, sua vocação, era ser poeta. Já que o teatro o dispensa, ele poderá dedicar-se à verdadeira ambição. E convém sublinhar que a poesia, nessa época, dava mais notoriedade e era bem mais considerada do que ser um histrião no palco, mesmo diante da corte.

Assim, ele é forçado a distanciar-se tentando, como todos, escapar da peste, indo talvez passar novamente um tempo em Stratford, onde os riscos de contágio são menores. Escreve: não sabe fazer outra coisa. Escreve e lê. Lê para recuperar o atraso das leituras, pois ele não é, como Marlowe e os outros, um erudito ou um universitário; alguns maus negócios do pai o obrigaram a deixar a escola bastante cedo, e ele quer responder ao pérfido ataque de Robert Greene, "gaio ornado com as plumas de outrem", o equivalente a uma acusação de plágio.

O que lê Shakespeare? Não sabemos exatamente: abandonando Holinshed, que lhe serviu para *Henrique VI*, e Plauto, para *A comédia dos erros*, lê *As metamorfoses*, de Ovídio, traduzidas em 1567 por Arthur Golding. Como temos essa informação? Simplesmente pelo tema de sua primeira obra poética, publicada em 1593 pelo amigo Richard Field. Obra que haveria de conhecer durante vinte anos pelo menos, na verdade até o século XVII, reeditada cerca de dez vezes enquanto o autor vivia, um sucesso considerável.

De resto, não contava ele com essa obra para, segundo suas palavras, "estabelecer sua glória"? Isso acontece um século mais tarde, quando recebe *post mortem* este elogio, esta marca, do ultraclássico e poeta oficial John Dryden: "De todos os poetas modernos e talvez dos antigos, ele foi o espírito mais largo e o mais penetrante". Abençoada peste, da qual se pode dizer, em síntese, que determinou Shakespeare.

Para resumir o tema de *Vênus e Adônis*, um dos mais prezados da poesia do Renascimento, citaremos os versos encantadores de Meilhac e Halévy musicados por Offenbach e cantados por Hortense Schneider em *A bela Helena*:

Dize-me, Vênus, que prazer encontras
Em fazer brincar, saltar a virtude?

Vênus, deusa do amor, é a personagem principal. Sua vocação profunda, sua razão de ser, é inspirar o amor ou estar ela mesma apaixonada. E aquele por quem ela está aqui apaixonada é Adônis, cujo simples nome, marcado na memória coletiva, basta para descrevê-lo: o modelo dos homens belos, a perfeição encarnada, a juventude em todo o seu esplendor. Trata-se então do casal ideal? De um idílio exemplar? Do modelo de todos os amores futuros? De modo nenhum, pois um obstáculo de porte se apresenta: Adônis não quer Vênus. Não quer nenhuma outra, aliás. Aparentemente, como Narciso, ele basta a si mesmo. E o que o poema relata é a tentativa furiosa e ininterrupta de Vênus para seduzi-lo. A tentativa e a tentação para o jovem, já que tudo faz pensar que Vênus não é apenas supremamente bela, como também sabe empregar os meios mais eficazes para vencer aquele que ela quer fazer seu amante.

> VÊNUS
> Que sou então para que me desprezes assim,
> Ou a que grande perigo poderia te levar?
> Um pobre beijo é o pior para teus lábios?
> Fala, meu belo, mas com palavras ternas, ou cala-te.
> Dá-me este beijo e te devolverei
> Com juros, se quiseres, um segundo.

Adônis permanece como um mármore, apesar do assédio menos equívoco, e, se imaginarmos que no lugar dele, nos braços de tal amante, arrebatada e insistente, qualquer outro jovem teria se deixado convencer, ele encontra uma salvação na fuga.

Para onde ele corre? Para a caça, que é efetivamente uma ocupação masculina. Só que a caça não lhe traz felicidade, pois um javali, que manifestamente não se importa com a beleza do caçador, o mata.

> Não, ele [o javali] nunca viu a beleza,
> a graça que ele mostrava.
> Se viu seu rosto, por que então o matou?
> Eu sei: acreditava beijá-lo.

E é sobre um corpo ensanguentado que Vênus emite a última queixa, que não é mais a de uma amante rejeitada, mas de uma viúva de seu amante. Escutemos essa queixa – na qual podemos ouvir os acentos desesperados de Dido após a partida de Eneias –, que é também uma das mais belas declarações de amor escritas por Shakespeare.

> VÊNUS
> Ah! Eu te quero, maravilha deste tempo.
> Estás morto e a luz ainda brilha.
> Como estás morto, profetizo aqui
> Que a tristeza dominará meu amor.
> Não haverá mais ciúme.
> Um doce começo é seguido de amargura,
> Sem equilíbrio, ora acima, ora abaixo.
> O prazer do amor nunca foi tão igual ao luto.

Um luto que ela vai alimentar no Olimpo, para onde retorna em sua carruagem puxada por pombas prateadas.

O que impressiona nos versos de *Vênus e Adônis*, com frequência surpreendentes pela delicadeza, pela sensibilidade, é a expressão de um vivo sentimento da natureza quase campestre, confirmando talvez que Shakespeare os escreveu em Stratford, junto ao motivo, ou que, em todo o caso, ele, poeta e camponês, conservou fortes impressões de seu Warwickshire natal. Não será esquecido este verso:

> *I'll be a park and thou shalt be my deer.*
> Serei um jardim e serás meu cervo.

Vejamos o que escreve Pierre Messiaen, excelente tradutor de Shakespeare, em sua introdução a *Vénus et Adonis*, extraída de *Shakespeare et La Fontaine*:[3]

> O naturalismo, o do Shakespeare aldeão que percorreu os campos e os bosques em torno de Stratford, que praticou a caça e a equitação, é tão franco, tão luminoso como em *O sonho de uma noite de verão*. Foi ele que inspirou as passagens

justamente célebres de *Vênus e Adônis* e que se encontram nas antologias, as descrições do cavalo e do javali, o garanhão apaixonado pela égua, a lebre perseguida pelos cães e multiplicando os desvios e zigue-zagues para despistá-los.

No meio da longa cena de amor inacabada, surge, de fato, como para materializar o amplexo a que se recusa Adônis, um garanhão robusto que, mais decidido, se agita à visão de uma égua:

> Em seu rabo e em sua crina canta o vento,
> E a crina ondula como asa em movimento.

A cena da caça ao javali é, por sua vez, um *morceau de bravoure* extraordinário – acreditamos contemplar, em movimento, uma tapeçaria – que evidencia, também, a impotência e a solidão da mulher. Por que uma deusa não seria uma mulher como as outras? Vênus acaba de mostrar isso. Longamente.

A mais bela invenção do poema, porém, reside nas metamorfoses – era preciso chegar a elas para respeitar Ovídio – do cadáver de Adônis após, seu trágico acidente de caça:

> Do corpo do rapaz que jaz ao lado
> Eleva-se um vapor que o esconde da vista,
> E de seu sangue espalhado no chão
> Nasce uma flor púrpura e branca,
> Lembrando a palidez do rosto e o sangue
> Que com suas gotas maculava o branco.
>
> Vênus curva-se e aspira a flor eclodida,
> Comparando-a ao sopro de Adônis,
> E diz que em seu seio o abrigará,
> Já que ele foi levado pela morte.
> Ela rompe o talo e do corte emerge
> A seiva, que às lágrimas dele se parece.

Acreditamos já estar junto ao túmulo de Julieta ou de Ofélia, antes das imprecações de Hamlet. Duas futuras heroínas de Shakespeare, duas apaixonadas que mergulham na desgraça, duas outras vítimas de Vênus.

Pode parecer que *Vênus e Adônis* é a perfeita expressão do amor dito platônico, o dos sirventes* e do amor cortês, no distante Languedoc. A prova de amor, *asag*, impunha que não houvesse a consumação. O que mostra também que o futuro autor de *O sonho de uma noite de verão* estava à escuta dos ares do tempo, mesmo quando estes tinham ressonâncias estrangeiras. Mas a originalidade em *Vênus e Adônis* reside no fato de que a pretendente é a mulher. Ela é que se esgota em solicitações, faz a corte, escreve o poema, e é o rapaz que preserva a castidade outrora atribuída às jovens damas.

Com *A violação de Lucrécia*, publicado no ano seguinte, em 1594, há uma mudança de cenário. E também de leituras. Não estamos mais em Ovídio, ou muito pouco (*Os Fastos*, II**), mas na história romana, cujo historiador é evidentemente Tito Lívio. E a história de Lucrécia, provavelmente lida por Shakespeare na versão inglesa de William Painter (*The Palace of Pleasure*, 1566), é esta: Tarquínio, o Soberbo, apoderou-se de Roma. Seu filho Sexto participa das festividades que celebram essa vitória. Fala-se de mulheres, e Colatino, imprudentemente, enaltece a virtude da sua, pela qual Sexto logo se apaixona. Hóspede de Lucrécia, ele se introduz em seu quarto durante a noite e a viola, desaparecendo ao amanhecer. Lucrécia, no retorno do pai e do marido, exige vingança antes de pôr fim a seus dias. Os Tarquínios, pai e filho, são condenados ao exílio, e isto – incidência política – põe fim à realeza em Roma.

No fundo, é o mesmo tema de *Vênus e Adônis*, mas com os papéis invertidos: o predador é o homem, que atinge seus fins, a vítima é a mulher. Porém, enquanto *Vênus e Adônis*,

---

* Gênero poético provençal. (N.T.)

** Poema mitológico de celebração da antiga Roma. (N.T.)

apesar da morte do protagonista, pode ser vista como uma comédia galante, com *Lucrécia* estamos claramente na tragédia. Shakespeare tinha consciência disso, pois qualificou essa obra de "*some graver labour*", um trabalho um pouco mais sério.

É realmente de tragédia que se trata, em sua estrutura dramática irretocável, com unidade de tempo e lugar e uma série de indicações cênicas: 1º ato, a exposição; 2º ato, a violação; 3º ato, o desespero e a vingança. Com diálogos e monólogos muito fortes, o último, o de Lucrécia antes de matar-se, prefigurando o de Otelo antes de seu suicídio público.

> OTELO
> Ponham isso no papel, e mais: contem que uma vez, em Alepo, quando vi um turco de má índole, turbante na cabeça, espancando um cidadão de Veneza e difamando o Estado, tomei pelo pescoço o cão circuncidado e golpeei-o... assim.
> [*Apunhala-se.*]

O dramaturgo não está longe, e bastaria modificar alguns detalhes para fazer de *A violação de Lucrécia* uma peça de teatro. André Obey, um dos grandes autores dramáticos franceses, um pouco esquecido atualmente, encarregou-se disso ao produzir uma *Violação de Lucrécia* no teatro Vieux-Colombier em 1932, retomada por Jean-Louis Barrault no teatro de l'Odéon em 1961.

Em Shakespeare, destacaremos apenas algumas estrofes – como *Vênus e Adônis*, o poema é composto de sextilhas, estrofes de seis versos rimados – particularmente eloquentes.

Retrato de Lucrécia:

> Esse brasão, vê-se nos traços de Lucrécia,
> Tem por argumento o vermelho da beleza e o branco da virtude,
> De cada uma dessas cores a outra sendo rainha,
> Afirmando seus direitos desde a infância do mundo.

Como poderia Sexto, *this false lord*, ter permanecido frio? Após sentir um violento desejo, ele manifesta, porém, alguns escrúpulos, sozinho no leito, depois que a anfitriã se retirou:

> [...] ele pensa
> Em todos os perigos a que seu desejo o expõe.
> No entanto, decide obter o que quer,
> Mesmo se a pouca esperança lhe diz para abster-se:
> Um resultado desesperado o impele ao risco.

Mas os escrúpulos são só escrúpulos: o desejo é mais forte, e Lucrécia é muito bela.

> Então deixa o leito esse luxurioso senhor
> Lançando no ar o manto,
> Loucamente dividido entre medo e desejo,
> Um atraído pela doçura, o outro o mal temendo.

Iluminado por uma tocha – esclareçamos que o marido não se encontra em casa –, ele passa ao ato, não sem entregar-se – sempre no teatro – a um longo monólogo que seria, na verdade, uma suprema declaração de amor, se o ato não fosse a seguir tão repreensível.

> Bela tocha, apaga-te e não venhas
> Sombrear aquela cuja luz ultrapassa a tua,
> Morram, pensamentos indignos, antes de sujar
> Com sua impureza o que é divino.

Tendo acabado o monólogo, ei-lo finalmente ao pé do leito e ao pé do muro. Dará o passo que separa a admiração da transgressão? Ele contempla Lucrécia por um longo momento, tão bela, e ainda mais desejável quando dorme, o seio nu. Ela desperta, assusta-se, pois ele a ameaça – mania de guerreiro – com a espada. Discutem por um longo momento: ela, que compreendeu as intenções dele, bem visíveis, e ele que, embora ameaçando-a, mas prometendo-lhe o segredo, tenta justificar-se. Contudo, no final:

> O lobo apodera-se da presa, o pobre cordeiro geme.
> Ela perdeu algo mais precioso que a vida.
> Ele mergulha na noite negra,
> Cativo vencedor que perdeu com a vitória,
> Levando uma ferida que nada pode curar
> E que deixará uma cicatriz, mesmo com todo o cuidado.

Fim do ato, horrível. Desonrada, em lágrimas, que fará Lucrécia, em sua solidão de mulher?

> Louca de dor, ela projeta assim seu rancor
> No invisível segredo da noite.

Ela se entrega, pois, não mais a Sexto Tarquínio – é Cleópatra, outra heroína shakespeariana, que parece demonstrar, com o auxílio de uma espada e diante dos soldados, que não se pode violar uma mulher se ela se recusa –, porém, a um monólogo de várias páginas, páginas que hoje podemos virar sem remorso, mas que são mesmo assim um magnífico lamento no qual se exprime toda a profundidade de uma alma ferida e a dor da eterna mulher vencida.

> Ó tempo, duplo tutor do bem e do mal,
> Ensina-me a maldizer o que fizeste ruim.

Lucrécia é tentada a suicidar-se. Vem a aurora. Mas o que pode representar o dia que renasce, apesar da deliciosa melodia das aves que despertam, para aquela que sofreu os últimos ultrajes?

> Pássaros zombeteiros, diz ela, recolham seus cantos
> Nos peitos de macia plumagem.
> Silenciem e emudeçam ao me ouvirem.
> Minha aflição discordante não conhece repouso:
> Não há convidados alegres na casa de alguém enlutado.

Lucrécia toma então a última decisão: escrever ao marido, chamá-lo em seu socorro. Ele vem, ela conta-lhe tudo, assim como àqueles que o acompanham, outros nobres e o pai. Ela denuncia Tarquínio:

> Ela diz: "É ele, caros senhores, é ele
> Que guia esta mão para golpear-me assim".
> No mesmo instante, no seio inocente, enfia uma faca
> Que, malfazeja, liberta sua alma.

Apunhala-se no peito, um gesto heroico e romano.

Antes de passar, com o tempo, a significar a qualidade moral que representa esta palavra, *virtus* significou em latim força de alma e coragem, qualidades atribuídas ao homem: *vir.* Shakespeare não deixou de jogar com esse duplo sentido que, nesse caso, aplica-se a uma mulher, um modelo de mulher, após ter sido a última muralha de Adônis no poema anterior. E esse duplo sentido, se antecipamos o restante de sua obra, é uma chave que faz entrever tudo o que nela está em germe.

Do lado qualidade moral, que põe em destaque a inocência muitas vezes achincalhada, ferida ou mesmo aniquilada como em Lucrécia, encontramos Julieta, *Lady* Ana, Desdêmona, Ofélia, Cordélia, Perdita. Do lado força de alma, paralelamente a algumas figuras muito negras como Ricardo III, Iago ou *Lady* Macbeth, cujo encontro com heróis irrepreocháveis dá ensejo à explosão dramática, Shakespeare propõe algumas altas figuras que podem servir de exemplos universais: Henrique V, que se torna rei após uma juventude devassa junto a Falstaff, Shylock e a defesa de sua raça, a sincera limpidez de Otelo, a honestidade intelectual de Hamlet, a lealdade de Horácio, a sábia grandeza de Próspero.

Contudo, em cada uma dessas figuras, ele saberá encontrar também a falha, o calcanhar de Aquiles, que torna o herói vulnerável e que lhe confere, por essa razão, sua humanidade. Pois somos feitos de barro, e neste mundo não há pureza sem alguma imperfeição. O todo deve ser reconhecido e aceito.

Até mesmo Macbeth, que finalmente assume seus atos e sua culpa, como um verdadeiro homem e apesar das censuras de *Lady* Macbeth: "Isto é próprio de um homem?". Ele vai até o fim, sabendo que perdeu a partida. De fato, o bem estava do lado do bom rei Duncan, porém ele morreu assassinado. E de Banquo, que vem acertar as contas, mas também é morto. E de Macduff, que desempenha o bom papel, o do justiceiro. Para que lado pende o fiel da balança?

Não buscamos inocentar ninguém, sobretudo um assassino, mas ainda assim é preciso colocar a questão: Shakespeare é cínico, realista ou moralizador? Que rosto devia ele mostrar à sociedade de seu tempo ao emergir, com quase trinta anos de idade, do triste período de 1592-1594, no qual fora privado do teatro? Shakespeare não era ainda Shakespeare e, se o sucesso o espera – ele já havia conhecido alguns eflúvios lisonjeiros com *Henrique VI* –, importa-lhe não se enganar sobre o caminho a seguir.

Uma indicação nos será fornecida, talvez, com a dupla dedicatória de *Vênus e Adônis* e *A violação de Lucrécia*. Ela se dirige ao honorabilíssimo Henry Wriothesley, conde de Southampton e barão de Titchfield.

> O amor que tenho por Vossa Senhoria é sem fim, este opúsculo sendo apenas um modesto acréscimo. Seguro de vossas favoráveis disposições, que não merecem meus versos pouco engenhosos, estou certo de que os aceitareis. O que fiz vos pertence, assim como o que eu fizer, pois é apenas parte do que vos devo. Se meu mérito fosse maior, minhas homenagens o seriam ainda mais. Tais como são, é a Vossa Senhoria que eles pertencem, a quem desejo uma longa vida, prolongada também por todas as felicidades.
> A Vossa Senhoria, o muito devotado William Shakespeare.

Longe de ser inabitual em sua falsa humildade – cada autor procedia assim –, essa dedicatória é, ousemos a palavra, a de um cortesão; e, ao evocar o jovem conde de Southampton, sobre quem voltaremos a falar, ela nos remete diretamente a uma época em que convinha estar bem na corte, a do reinado da grande Elizabeth. É esta última que vamos evocar agora: ela é, como diria o próprio Shakespeare, *the chief character*, o personagem principal.

Uma rainha de teatro

> *I know I have the body but a weak and feeble woman, but I have the heart and stomach of a king and of a king of England.*
>
> Sei que meu corpo é apenas o de uma mulher pequena e frágil, mas tenho o coração e as tripas de um rei, e de um rei da Inglaterra.
>
> Elizabeth I,
Discurso aos soldados (1588).

Como não ser popular com tais declarações? Elizabeth o era, pelo menos até a última parte de seus trinta anos de reinado. O desgaste do poder. Lytton Strachey fez dela, em *Books and Characters*[4] (1922), o seguinte retrato:

> O inglês médio via na rude filha do rei Henrique uma soberana que seguia seu coração. Ela praguejava, cuspia, batia com o punho quando estava furiosa, dava gargalhadas quando algo a divertia, o que lhe acontecia com frequência. A radiosa atmosfera de humor que coloria e suavizava os ângulos agudos de seu destino a sustentava nas curvas dos terríveis caminhos que precisava seguir. Todo acontecimento encontrava nela um eco imediato e poderoso.

Acontecimentos é o que não faltava na história da Inglaterra da época, o principal desencadeador sendo não o cetro da realeza – não se falava mais do báculo da Igreja –, mas o machado do carrasco, que estava sempre ocupado. Em 1587, Elizabeth faz com que ele caia sobre o pescoço da católica Mary Stuart. Será seu ato mais sangrento, que estabelece definitivamente seu poder. Ela tem 29 anos.

Nem tudo era cor-de-rosa até então, nem branco. Era antes vermelho. Vermelho como a rosa dos Lancaster que enfrentaram os York durante a Guerra das Duas Rosas.

A jovem rainha viu sua mãe, Ana Bolena, ser executada sob acusação de adultério. Tinha três anos de idade. Adulta, ela se expõe a uma série de contestações sobre sua legitimidade, apesar da lei de sucessão de março de 1534, que previa que o trono caberia ao filho ainda não nascido de Ana Bolena, ou ao de uma outra esposa se esta última morresse sem ter tido filho homem: caso contrário, na ausência de herdeiro masculino, caberia a Elizabeth, filha da primeira e de Henrique VIII.

Essas contestações vinham de longe, pois seu pai, Henrique VIII, abrira uma exceção com a irregularidade de seu divórcio com Catarina de Aragão para desposar, apesar da oposição do papa, Ana Bolena. Elizabeth, aprisionada na Torre de Londres por sua meia-irmã Maria Tudor após a revolta de Wyatt (1554) e ameaçada de um processo por traição, é obrigada, desde sua coroação, a lutar contra a oposição católica ajudada pelo estrangeiro, em particular a Espanha. Anglicana, ela será obviamente excomungada pelo papa Pio V em 1570. "O fato de ela ter vencido esses obstáculos e de ter simplesmente conseguido sobreviver", resume Jean-Pierre Moreau* em seu notável estudo *A Inglaterra dos Tudor, 1485-1603*[5], "contribui para a fundação do mito. Tendo sofrido, como muitos de seus súditos, durante o reinado precedente, ela compreende suas expectativas e não os decepcionará."

A essa espécie de balanço, Jean-Pierre Moreau acrescenta também um retrato:

> Comparada à rigidez de Maria Tudor ou à canhestra arrogância de seus sucessores Stuart, ela se mostra flexível e hábil, nimbada de uma aura quase sobrenatural – "Quando sorria, era um puro raio de sol" (John Harington). Muitos comentadores lhe atribuem, mais que a seu pai, o mérito de ter fundado a religião oficial do país e, não sem entraves, de ter feito deste último a grande potência que os séculos ulteriores admiraram ou invejaram. Sua política inteligente também contribuiu para a deslumbrante produção literária que ilumina a vida cultural a partir de 1580.

---

* Professor na Universidade de Limoges e especialista dos séculos XVI e XVII ingleses, Jean-Pierre Moreau é *Fellow* da *Royal Historical Society*. (N.A.)

O que nos interessa aqui é precisamente sua relação com a cultura da época e, mais precisamente ainda, com a poesia e o teatro. Ela sempre os sustentou magnificamente e, em relação a este último, Sua Majestade o adora e sempre o adorou. Sua influência é comparável à de Luís XIV em seu tempo, em Saint-Germain-en-Laye e depois em Versalhes. Elizabeth fundou sua própria trupe, os *Queen's Men*, em 1583, e mandou construir um teatro em Whitehall, palácio real, mas sem por isso deixar de ir ao espetáculo em uma sala de Londres. Na cidade, desloca-se quase sempre a cavalo no meio da multidão. Quando viaja, de carruagem, organiza para si representações, por exemplo em Oxford, com uma encenação de uma obra de Chaucer, *O conto do cavaleiro*.

É uma mulher erudita, fala sete línguas, gosta da Antiguidade e da mitologia. Infelizmente, o que ela mais aprecia são frivolidades. O que faz representar são éclogas de uma insipidez extrema, bajuladoras. "Ela tinha uma paixão", diz-nos Lucien Dubech em sua *História geral ilustrada do teatro*[6], "quase doentia pela lisonja e pela bajulação excessiva".

Eminente biógrafo, Jean-Jacques Mayoux também oferece dela, em seu *Shakespeare*[7], uma visão particular:

> Ela se enfeita como um relicário, cintilante de pérolas e joias, comprimida em vestidos extravagantes – possui três mil – que, com mangas enormes, espartilhos e anquinhas, têm a vantagem de dissimular as imperfeições crescentes de um corpo que se apresenta como uma gloriosa múmia viva.

Para ela, portanto, o teatro é essencialmente éclogas, pastores e rebanhos, guirlandas de flores. Uma dessas raras peças conservadas é *A dama de maio*, do delicado poeta Philip Sidney, e a própria rainha aparece no desfecho coroando um dos pastores.

Todos os poetas escrevem prólogos ditirâmbicos em que a soberana encarna com frequência nada menos do que uma deusa. Mas o queridinho em matéria de teatro é John Lilly que, por volta de 1580, ficou famoso por um romance, *Euphues*, que deu origem ao termo "eufuísmo", sinônimo de preciosismo. Lilly torna-se o principal fornecedor do teatro real.

Saído diretamente de Oxford e de uma família de intelectuais aparentados a Erasmo, o novo autor em moda conhece a Antiguidade na ponta de seus dedos enluvados. Conhece e abusa. Seu estilo é só afetação, *concetti* ou frases espirituosas, ornato pomposo. Os assuntos são na maioria das vezes alegorias, mesmo quando trata de temas da atualidade, como a derrota da Armada em *Midas* ou Jaime da Escócia e Mary Stuart em *Endymion*. "Quando Endymion adormece de amor, o público está pronto a fazer o mesmo...", observa Lucien Dubech.

Contudo, Henri Fluchère, em sua *História dos espetáculos*[8], presta homenagem a Lilly:

> Essa retórica decorativa, com estruturas verbais artisticamente equilibradas (antíteses, repetições, comparações, assonâncias, cadências, rimas), é enriquecida por tropos pomposos tirados dos domínios mais convencionais (mitologia, heráldica, bestiários, lapidários, herbários, alquimia, etc.) e oferece assim ao estilo dramático um prestígio até então desconhecido. Lilly presta ao teatro o maravilhoso serviço de criar um milagre verbal de seduções eficazes, como o fez depois Giraudoux ao escrever para Jouvet. Com ele, a poesia instala-se nos palcos, de onde não mais sairá.

Lilly, como vimos, quer agradar antes de tudo, pois é um cortesão. Favorecido pela rainha, que ele bajula, é um autor da moda e, como todas as modas, como todos os caprichos da rainha, passa rapidamente, sobretudo após cometer a imprudência de escrever *Uma mulher na lua*, sátira contra as mulheres, que Elizabeth não aprecia de modo algum. Caiu em desgraça.

Claro que logo haverá sucessores, que só esperam seu declínio ou um erro. O mais à vista, a nosso ver melhor do que o insuportável Lilly, foi George Peele, acerca de quem Henri Fluchère observa:

> Um verdadeiro poeta cujos méritos melodiosos todos reconhecem. Ele escreve para suas peças canções requintadas cuja magia verbal não se esquece. Seus versos, de ritmos maleáveis e imagens elegantes, está a serviço dos mitos clássicos, dos esplendores bíblicos, da história exótica romanceada, do drama histórico nacional ou da pastoral feérica. Nenhuma dessas peças é indiferente.

O grupo formado por John Lilly, George Peele, Robert Greene, todos saídos de Oxford ou de Cambridge, convive também com os *University Wits*, ou seja, os universitários da "pesada". Conhecedores dos clássicos, eles se servem de tudo o que lhes cai nas mãos, escrevendo poemas, peças e romances. Seu ponto em comum, além da erudição e do movimento que imprimem à vida intelectual, é o amor pela língua, levado até o preciosismo. E o que se pode observar de saída é que Shakespeare, que nada tem a invejá-los nos domínios da técnica e da invenção, tal como se revelou com seus dois grandes poemas *Vênus e Adônis* e *A violação de Lucrécia*, repletos de uma sensualidade exigente e em estado bruto, o que se confirma mais tarde, em 1601, com os setenta versos de *The Phoenix and the Turtle** Shakespeare encontra-se bem longe de tudo isso. Muito ligado à terra, é pouco provável que fosse um intelectual, sobretudo um preciosista. É praticamente certo que as farras de taverna, em Londres, ou a natureza saudável do Warwickshire importavam-lhe mais que a reputação e os sucessos de alcova que determinaram as Preciosas francesas, ou os aplausos abafados dos salões.

Quanto ao teatro... Antes de tornar-se o autor indispensável cujas peças são representadas na corte, Shakespeare manteve-se bastante afastado desta, mesmo que obras como *Trabalhos de amor perdidos* ou *Como gostais* tenham tudo para agradar à soberana.

---

* A fênix e a tartaruga. (N.T.)

Pouco cortesão, apesar do que podemos pensar de suas dedicatórias – mas estas eram de praxe quando se queria obter um favor ou dinheiro –, ele seguiu um caminho próprio, inteiramente oposto, por exemplo, ao de um Molière. É verdade que o autor do *Misantropo* não deixava de atacar as ideias aceitas e os costumes da época, como fez ao lançar, para o grande prejuízo de Ana da Áustria, que defendia os devotos, o apimentado *Tartufo*, ou ao ridicularizar as Preciosas. Todavia, ele se mantinha, se podemos dizer, agarrado às saias do Rei-Sol, beneficiando-se de sua amizade e de sua proteção.

Shakespeare evitou envolver-se em política: com Elizabeth era muito perigoso. No entanto, como se sabe, se não nos ocupamos da política, a política se ocupa de nós. E o Bardo, apesar de sua prudência, por pouco não se deixou implicar em uma conspiração, a do conde de Essex.

Eis aqui, resumidamente, a história aventurosa deste último.

Robert Devereux, segundo conde de Essex, é incontestavelmente um fidalgo. Homem belo, que sabe usar seu charme, tornou-se o favorito da rainha, que tem o dobro de sua idade. Ela o nomeia ao Conselho privado em 1593, quando ele tem apenas trinta anos. Essa nomeação, somada a alguns pequenos sucessos militares em Portugal (1589), na Espanha, em Cádis (1596), teria lhe subido à cabeça, menos preparada do que parece. Se não lhe falta coragem, como chefe militar ele é perfeitamente incompetente. E, como político, não é muito melhor.

Essex opõe-se então a Robert Cecil*, o braço direito de Elizabeth. Mesmo assim ela não retira sua confiança ao favorito. Encorajado, ele monta na Europa um bloco intervencionista que quer atacar a Espanha, a grande inimiga. Porém, sua falta de inteligência política prega-lhe mais uma

---

* Robert Cecil, conde de Salisbury. Secretário real aos trinta anos, foi encarregado dos assuntos estrangeiros durante vinte anos e ocupou as mais altas funções do reino. Elizabeth, cuja sucessão ele soube prever já antes de sua morte, o cognominava "*my little man*". (N.A.)

peça: é justamente do lado da Espanha que Elizabeth busca uma aliança. Primeira derrota.

Uma outra sobrevém em 1596, quando a rainha, seguindo suas fidelidades pessoais e seus interesses, escolhe, em vez dele, Robert Cecil como principal secretário real. Essex perde também o posto de *Earl Marshall* (grande marechal). Furioso com o que considera uma ingratidão, ou uma falta de respeito de uma amante por seu favorito, ele trata a rainha com desprezo e, um dia, em público, chega a esboçar o gesto de tirar a espada da bainha depois que ela o esbofeteia. Julho de 1598. Queria ele duelar com a rainha? Apesar de sua idade, ela teria sido bem capaz disso. Essa cena famosa foi imortalizada no cinema em *The Private lives of Elizabeth and Essex**, filmado em 1939 por Michael Curtiz, com Bette Davis, Errol Flynn e Olivia de Havilland.

Por menos que isso, ia-se para a Torre de Londres e o patíbulo. A rainha contenta-se em banir Essex da corte. É muito surpreendente essa magnanimidade da parte dela, que não mostrara nenhuma em relação à católica Mary Stuart. Ficou Elizabeth impressionada pela audácia do favorito? Essa insolência e essa altivez traziam-lhe alguma boa lembrança de outrora de seu querido Bob? Ou simplesmente, ao envelhecer, estava cansada dos conflitos internos e de condenar todos os que se opunham a ela?

Seja como for, Essex, uma vez mais, não demora a ser indultado e, nova prova de mansidão – ou presente envenenado – da parte de Elizabeth, esta o nomeia vice-rei inglês na Irlanda: já na época, essa nação independente se sublevava e colocava problemas à coroa.

Contudo, Essex torna a agir mal: assina a trégua em vez de combater (setembro de 1599) e volta a Londres abandonando o posto. Tinha ele pressa de rever a soberana? Se evita uma condenação por deserção, é condenado à prisão domiciliar e destituído não apenas de todos os cargos, mas também de

---

* Em português, *Meu reino por um amor*. (N.T.)

sua principal fonte de renda: os direitos sobre o comércio dos vinhos doces (outubro de 1600).

Seria uma manobra de Cecil? O fato é que buscam provocá-lo, fazê-lo dar um passo errado. Quando entra em rebelião aberta, sabe que a rainha certamente não perdoará essa nova injúria. Além disso, ele carece singularmente de meios, apesar de sua habilidade. Não encontra nada de melhor a fazer – e é aqui que intervém, ou melhor, que não intervém Shakespeare – senão organizar no Globe Theatre, em 7 de fevereiro de 1601, por intermédio de Southampton e pela quantia de quarenta *shillings*, uma representação de *Ricardo II*, rei destronado pelo futuro Henrique IV. Trata-se de uma reprise: a peça fora criada em 1595. A cena-chave da deposição do rei – "O fruto mais maduro deve ser o primeiro a cair" (ato II, cena I) – fora suprimida uma primeira vez após audição diante de Robert Cecil e nos primeiros textos impressos (1597 e 1598).

Shakespeare certamente teria dispensado essa publicidade, pois a aproximação entre Elizabeth, rudemente convidada a abdicar, e Ricardo – que aceita, com certa grandeza, sua destituição – saltava aos olhos.

No entanto, Essex não se contenta com o teatro. Em fevereiro de 1601, parte em assalto contra Whitehall para destronar aquela de quem fora o favorito. Fracasso completo. Contra suas expectativas, são poucos os que o seguem: apenas umas trezentas pessoas, alguns nobres e, entre estes, o conde de Southampton, iniciador do caso e protetor – alguns sustentam: "mais que protetor" – de William.

Southampton irá para a prisão, de onde só sairá com a morte de Elizabeth, dois anos mais tarde. Essex, entrincheirado em sua moradia, Essex House, acaba por render-se. Ele será executado na Torre de Londres em 25 de fevereiro. William pode enfim respirar e, após um silêncio bastante longo, lançar-se na composição de *Hamlet*, em que um dos personagens principais, Cláudio, é como que por acaso um usurpador e um regicida.

É a partir dessa época que Shakespeare abandona tanto os temas históricos quanto as comédias romanescas no espírito da época para iniciar a série das *dark plays* ou "peças com problemas": *Hamlet, Macbeth, Lear* e, enfim, *A Tempestade*. Mais intimistas, elas tiveram a vantagem de ser encenadas imediatamente, tão logo surgidas, e em salas fechadas, o que pode ser uma razão, ou uma das razões, muito prosaicas, da evolução dos temas shakespearianos na virada do século.

O teatro de corte nunca foi realmente sua ocupação, pelo menos até as grandes peças jacobitas*. Desde seu começo, isto é, por volta de 1592, Shakespeare foi como que sugado pelo vasto movimento iniciado pela população inteiramente nova desses locais, ignorados pelo esnobismo ou mesmo pela cultura, que eram os arrabaldes de Londres. É esse movimento que vamos agora evocar, porque ele faz parte intrinsecamente da vida e da carreira de William Shakespeare: de uma certa maneira, foi ele que fez Shakespeare e o que este veio a ser ao longo dos anos e dos séculos.

---

* No reinado de Jaime I (1603-1625). (N.T.)

Todos em cena

Digamos como preâmbulo que o teatro da época elisabetana não nasceu por geração espontânea: os vestígios de um anfiteatro romano foram redescobertos nas imediações de St. Paul, perto de Puddle Dock. Aproveitemos aqui para lembrar que as tropas de César não exportavam apenas centúrias em armas, mas também o conforto, pelo vinho ou pela higiene, com aquedutos e termas como as de Bath, ou ainda o divertimento.

Nos séculos XIII, XIV e XV, portanto antes da Reforma anglicana, a Grã-Bretanha conheceu, como todas as nações europeias, mas com um pouco menos de reverência do que a França em relação aos santos e à Virgem, seu lote de mistérios. As *miracle plays*, baseadas no Antigo Testamento e nos textos litúrgicos, eram propriamente religiosas. Em York, Chester e Coventry, *God's promises* (As promessas de Deus) e *The Temptation of our Lord* (A tentação de Nosso Senhor) reuniam multidões. Essas representações, itinerantes, aconteciam ao ar livre, sobre carroções em procissão, e podiam durar até três dias seguidos.

No entanto, por causa da Reforma, os mistérios logo perdem alento e são suplantados pelas moralidades, que traziam mais novidades e, desde os primeiros anos do reinado de Henrique VIII, lufadas de humanismo. John Skelton, cunhado de Thomas Morus, inaugurava com *Magnificência*, e depois com *Os Quatro Elementos*, o culto à ciência, à geografia ou à cosmografia. Copérnico não está longe e prepara seu imenso tratado: *De revolutionibus orbium coelestium* (1543). A atualidade é acompanhada de perto: Bale, em seu *King Johan*, põe em cena um precursor da Reforma que enfrenta o papa, como o soberano. Ele é destronado e depois assassinado por Dissimulação, Sedição, Usurpação e Clero, o que mostra uma tendência aos personagens alegóricos.

Em outro gênero, John Heywood, autor também dos *Quatro P.P.: Palmer* (prestidigitador), *Pardoner* (mercador de indulgências), *Potycary* (boticário), *Pebler* (peregrino), cria por volta de 1533 o interlúdio, "pequena peça", nos diz Lucien Bubech, "cuja finalidade é fazer rir sem se preocupar com edificação". Contudo, ela também é de origem religiosa.

Assiste-se igualmente a *folk plays*, em que aparece com frequência Robin Hood, herói nacional. *Tamerlan* e seus dez atos causam sensação: são de autoria de Marlowe, então com 23 anos de idade. *Gordobuc*, de Norton e Sackville, também marca uma data (1572) e sobretudo, em 1587, *A tragédia espanhola,* de Thomas Kyd, o único a não ter saído de Oxford. Porém esse teatro se aproxima progressivamente do poder central para agradar à rainha, sua protetora, enquanto os comediantes tendiam geralmente a ser rejeitados. Rejeitados no sentido próprio: do outro lado do Tâmisa, fora das muralhas, ou ao norte da cidade, o centro sendo-lhes barrado.

De fato, eles não tinham boa fama. O *County Council* os vigia de perto, pronto a intervir. Uma ordem, emanada do Conselho Privado, prescreve "lançar os atores fora da cidade" e "destruir as casas de jogo, e as comédias e os estabelecimentos de franquias (*properties*) onde a presença dos atores favorece a imoralidade, o jogo, a intemperança, os aprendizes e as facções". Uma outra ordem de 1572, a "Lei dos Pobres", os assimila a vagabundos: são passíveis de prisão, para onde serão levados às vezes. São até mesmo ameaçados com o pelourinho. Quanto aos autores, é claro que são todos vadios, o que às vezes era verdade: basta citar Ben Johnson, que frequentava rufiões, ladrões e outros maus elementos do *bas-fond* londrino, ou ainda Marlowe, que será morto em uma rixa após beber.

Tendo por necessidade atravessado o rio, pela Ponte de Londres, ou graças a barqueiros, que ligavam uma margem à outra, os atores vão se instalar no que eram ainda apenas arrabaldes, mas beneficiando-se justamente das *properties*.

Sobretudo em Southwark, defronte à St. Paul. Segundo Peter Ackroyd, com base em um mapa de 1560, aos olhos deles se oferece uma paisagem de "lagos, moinhos d'água, manufaturas que soltam fumaça pela chaminé, arenas de lutas de animais, jardins de prazeres". Ávidos de reconhecimento, mas com a obrigação de satisfazer um público novo que conhece apenas as arenas esportivas, cansado talvez do ar livre e das intempéries climáticas, é ali que os comediantes elegem seu território. Nesse contexto mais *cheap** do que *chic*, e mesmo, convém dizer, com frequência um tanto sórdido, os comediantes vêm exercer seu ofício, apresentar suas peças e seus autores, mas também descansar por um tempo da errância das turnês: o carroção de Téspis** e do Capitão Tornado para, enfim, em algum lugar.

Bem no início, o teatro elisabetano se parece mais a um pátio de albergue, o que, de resto, ele é, como o Tabard Inn, imortalizado por Chaucer em seus *Contos de Canterbury*. Representa-se igualmente em arenas para combates de ursos ou de galos, que os ingleses então adoram. Veem-se aí espectadores nos balcões e nas janelas, serviçais fazendo circular canecas de cerveja, cozinheiros girando o espeto, com um olho no espetáculo por um respiradouro do *basement****. O público popular fica de pé, como ficava para as *miracle plays*, o que nos vale esta bela redefinição do verbo *to understand* (compreender ou entender) por Peter Ackroyd em um de seus últimos romances, *William e Cia.*: "Os *understanders* eram os espectadores que ficavam abaixo do palco, com a cabeça à altura do tablado, os mais bem colocados, em suma". É só quando algumas pessoas de condição mais elevada se arriscarem nesses locais rapidamente em moda que serão dispostos, após terem se instalado simplesmente no palco, como mais tarde no tempo de Molière e de Goldoni, lugares reservados e camarotes, *private rooms* ou *gentlemen's rooms*, situados

---

* Barato, ordinário. (N.T.)

** Téspis de Icária, famoso ator e um dos criadores do teatro grego. (N.T.)

*** Rés do chão. (N.T.)

geralmente nas galerias, acima do *vulgum pecus*. Posteriormente, constrói-se. Ou melhor, adapta-se e transforma-se. Assim, nascem construções de madeira e barro amassado com palha, ou de madeira e um conglomerado de seixos, como o Swan Theatre, do qual falaremos adiante, tudo sendo recoberto de gesso. Shakespeare, ao mesmo tempo em que recitava seus versos ou os dos outros, certamente amassou esse gesso e manejou a colher de pedreiro, como seus colegas de trupe.

É ao norte da capital, em Shoreditch, que se situa o primeiro teatro feito desse material. É lá, em zona franca e na vizinhança dos abatedouros, que James Burbage, pai do célebre ator shakespeariano, constrói, em 1576, uma das primeiras salas permanentes, chamada simplesmente The Theatre. Ela é acompanhada quase em seguida de uma outra: The Curtain, bem ao lado, mas sempre fora dos muros para não infringir os regulamentos.

A seguir, os teatros brotam não como champinhons, mas como miosótis na primavera, as margaridas evocadas por Ofélia em sua doce canção de demente. Ao sul do Tâmisa estão The Rose Theatre, The Swan Theatre e The Globe Theatre, que marcaram para sempre a história do teatro, juntamente com o de Newington Butts. É no The Globe, em particular, que atuarão com mais frequência, desde 1594, sob a égide de Henry Carey, barão Hunsdon e depois Lord Chamberlain – camareiro-mor que será sucedido por seu filho Georges em 1597 –, os *Chamberlain's Men*, aos quais pertencia Shakespeare, assim como William Kempe e Richard Burbage. Depois de prestarem juramento, os impetrantes deviam se inscrever nos registros das contas da corte. Mais tarde, no interior da cidade, mas sob privilégio, Burbage filho transformará o priorado dominicano desapropriado de Blackfriars em uma sala fechada onde os espetáculos serão iluminados por tochas.

Na verdade, com exceção dos textos, não conheceríamos talvez grande coisa dessas cenografias espantosas e fundadoras de toda a história do teatro, nem do dispositivo elisabetano, essas frágeis construções de madeira, barro amassado e gesso que eram os teatros expostos a tempestades, nevascas ou acidentes – o The Globe foi inteiramente queimado em 1613, durante a estreia de *Henrique VIII*, em consequência de um disparo de mosquete que incendiou o telhado de colmo –, se um viajante holandês chamado Johannes de Witt, de passagem por Londres em 1596, não tivesse, como um turista que quer guardar a lembrança de um lugar notável, posto em uma folha de papel o esboço do que viu, no Swan Theatre, onde assistia a um espetáculo – esboço a seguir retomado pelo desenhista Arend Van Buchel e legendado em latim.

O que se vê nesse esboço, bastante imperfeito, mas universalmente conhecido?

No centro de um pátio com três fileiras de galerias, denominadas *porticus, sedilia, orchestra*, com *ingressus* (entrada), há um palco quadrado apoiado em pilotis que o elevam acima do nível do chão (*planities fine arena*) e do olhar. Enquanto a parte dianteira desse palco, um proscênio (*apron stage*), avança como uma proa até a metade do pátio, a parte traseira tem uma cobertura de telhas ou de colmo – sustentada por duas colunas. Esse telhado, ou melhor, esse alpendre, é denominado – de Witt certamente não sabia disso – *heaven* (paraíso) ou ainda *shadow* (sombra). Ele protege os atores da chuva ou do sol, mas serve também para figurar a abóbada celeste, de onde provém seu nome. Delimita igualmente a parte exterior do palco (*outer stage*) e a que abrigará as cenas de interior (*inner stage*). Na parte de trás, acha-se o *tiring room*, onde os atores se vestem ou mudam de roupa. Os camarins.

No esboço de Johannes de Witt, vê-se igualmente, à meia altura abaixo do telhado e abrigada, uma galeria suplementar, com espectadores ou então atores que esperam a vez de entrar em cena. Duas portas no nível do palco. Acima do telhado, há uma última construção (*upper stage*) também provida de um telhado e de um estandarte, duas janelas aparentemente cegas e uma porta onde se perfila um arauto tocando trombeta. O conjunto ultrapassa a mais elevada das três galerias, na qual se instalam os músicos.

Foi nesse esboço, corroborado por outros documentos da época, que se inspiraram os comentadores e cenógrafos para fazer uma espécie de retrato falado do palco elisabetano, que foi chamado, em uma abreviação bastante surpreendente, o O de madeira (*The Wooden O*). Foi ele que utilizaram os mesmos cenógrafos e historiadores para reconstituir, em Londres e em Stratford, em conformidade com o modelo, teatros epônimos, nos quais se pode redescobrir, de forma idêntica, o original. Foi ele que motivou, como veremos no capítulo seguinte, alguns diretores de teatro atuais que rejeitaram as exigências do palco à italiana para recuperar a verdade de um teatro que rejeita o cenário e todos os artifícios a ele associados.

"O mundo inteiro é um teatro", exclama Jaques, o bufão, em *Como gostais*, frase que era também, inscrita no frontão, a divisa do The Globe: "*Totus mundus agit histrionem*". Paul Claudel a retomou na epígrafe de *Soulier de satin**: "A cena desse teatro é o mundo". Mas como pode o teatro ser um mundo? Como podia esse teatro, rudimentar, abrigar ao mesmo tempo relatos históricos e os refinamentos mais sutis da psicologia humana, as tragédias mais negras e as comédias mais poéticas? Como podia representar ora o quarto de dormir de Julieta, a cela de frei Lourenço, o campo de batalha de Azincourt ou o de Bosworth, ora a charneca ou a falésia de *O rei Lear*, as muralhas de Elsenor, quando não a ilha deserta habitada por Próspero em *A tempestade*, e sem maquinismos, nem efeitos especiais, nem iluminações sofisticadas, nem telas pintadas? Escutemos mais uma vez Henri Fluchère:

> O proscênio era ao ar livre, enquanto a cena de fundo servia para os interiores; os planos superpostos figuravam janelas, sacadas ou muralhas, no alto das quais se agitavam os estandartes, lançavam-se desafios ou apóstrofes líricas. Havia um alçapão na plataforma e, mais tarde, uma aparelhagem veio juntar-se ao palco para os efeitos particulares. Nenhuma

---

* *Sapatilha de cetim*. (N.T.)

cortina, obviamente*, nem tela pintada nesse palco, como tampouco cenário no sentido próprio da palavra. Eram utilizados, porém, acessórios com função simbólica para criar uma ilusão de realismo, e os lugares cênicos podiam ser figurados por cartazes ou indicados no texto**.

O coro, no início de *Henrique V*: "Pode essa arena de rinha de galos – o próprio teatro – conter os vastos campos da França?". Gower, recitante de *Péricles*: "Em vossa imaginação, considerai esta cena como o barco no qual o príncipe, joguete dos mares, aparece e fala". *Henrique V* ainda: "Ao partir o rei de Londres, a cena, gentis espectadores, será imediatamente transportada a Southampton!".

Os espectadores, todos novos, a maioria dos quais nunca vira ser representada uma peça de teatro, deviam portanto dar provas de imaginação, aquela da qual começamos hoje a ser totalmente desprovidos por causa da superabundância de sons, imagens e efeitos especiais. Como crianças grandes, esses espectadores novos ficavam maravilhados com tudo o que viam nesse palco sumário, espécie de cinemascope teatral, mas onde não faltavam nem cores nem grandeza em sua simples nudez.

Trajes eram reaproveitados. Um médico suíço da Basileia, Thomas Platter, em visita a Londres como de Witt, revelou que, quando os fidalgos importantes morriam, suas mais belas roupas eram dadas aos criados, porém estes, não podendo usá-las convenientemente, as revendiam a baixo preço aos atores.

Segundo Henri Fluchère:

---

* Essa ausência de cortina explica por que, em *Hamlet*, *Coriolano* ou *Ricardo III*, é dada a ordem de retirar os cadáveres: isso evitava que os mortos se levantassem muito faceiros, à vista do público, no momento dos aplausos. (N.A.)

** *Sir* Philip Sidney, em *An Apology for Poetry* (1595): "O ator, quando entra, deve sempre começar por dizer onde está, sem o que a ação não poderá ser compreendida". (N.A.)

[Os figurinos] eram ricos e cuidados, feitos dos mais belos tecidos, e faziam a glória do ator. Alleyn* não hesitava em pagar mais de vinte libras por um gibão, quantia enorme para a época. Sem pretensão à reconstituição histórica, eles pertenciam antes à convenção do emprego no estilo contemporâneo. Couraças, penachos, véus ou mortalhas rutilavam e flutuavam sobre heróis antigos, deuses, fantasmas. Os velhos usavam barba branca, os traidores vestiam-se de preto, e os militares, botas de couro.

Quanto à encenação:

Cuidada e espetacular, [ela] prodigalizava os desfiles, os quadros móveis, as batalhas, em combinações engenhosas. Efeitos sonoros os mais diversos acompanhavam a ação: sinos, trovões, canto de aves e mesmo o grito de insetos (o grilo na noite sangrenta de *Macbeth*). O vento soprava como tempestade (*Lear* ou *A tempestade*), o mar bramia, o eco repercutia. Fanfarras e tambores ritmavam a marcha dos exércitos e assinalavam o combate. A música, por outro lado, estava intimamente ligada à ação, sublinhando seu lirismo e sua paixão, ou enfeitando-a com arabescos e canções.

Acrescentemos, último detalhe, que os espetáculos se realizavam à tarde, das quinze às dezoito horas. Não havia intervalo, o espetáculo durando cerca de duas horas, sem interrupção. Contudo, a intriga podia abranger vários anos: somente *A tempestade*, com unidade de lugar, dura o tempo exato da representação.

Enquanto no teatro clássico francês a extensão dos atos era determinada pela duração das velas, o espetáculo elisabetano não tinha, portanto, esse inconveniente. Além disso, junto com o acompanhamento musical descrito por Henri Fluchère, ele comportava *intermezzi* cômicos ou danças, que só estavam ali, como os intervalos publicitários na

---

* Ator célebre da época e intérprete do *Judeu de Malta* e do *Tamerlão* de Marlowe, Edward Alleyn chegou a fazer parte dos *Chamberlain's Men*. Em 1600, foi diretor do Fortune Theatre em Cripplegate. (N.A.)

televisão, para permitir que o público, encharcado de cerveja, relaxasse ou, mais prosaicamente, aliviasse suas funções naturais, sobretudo graças às janelas abertas nos flancos do teatro, claramente destinadas a esse uso. Mas pouco importa, pois o espetáculo terminava com frequência por uma giga endiabrada, conduzida por um ator cômico, Kempe, geralmente, um dos atores mais populares da época: de sua célebre giga ele acabou fazendo uma verdadeira profissão que lhe rendeu muito dinheiro antes de deixar os *Chamberlain's Men* e fundar sua própria companhia.

É preciso assinalar, porém, que nessa alegria popular de que todos participavam, com música e canções que não acabavam, a cenografia curvava-se à vontade do escritor, do poeta. Sem ele nada podia existir. Era o que lhe vinha ao espírito, mesmo sendo o mais difícil de encenar, que se materializava, a imaginação do público fazendo o resto. Inversamente, a estrutura da cena, essa cena em que fantasmas poéticos e reconstituições históricas proliferavam, tinha condições de dar-lhe ainda mais ideias. Posteriormente, essa estrutura, como muitas coisas neste mundo, tornou-se um fato adquirido e, o que ainda não se sabia, um fato histórico.

Ela corresponde a uma forma de sociedade, a uma certa categoria do público, não um "público-alvo", porém bastante vasto. Do mesmo modo, o teatro à italiana instalou primeiro suas tradições, seus meios próprios e mesmo seu vocabulário. Exportado a todos os países da Europa, mas sobretudo à França, onde indiretamente deu origem à ópera cômica, ele impôs todo um material técnico que pouco mudou ao longo dos séculos, com exceção de melhoramentos devidos à eletricidade e hoje à informática: grade, armações de bastidores, arcos, proscênio, manto de Arlequim e cortina de cena no que se refere ao palco; camarotes, plateia, orquestra no que se refere à sala. Dessa forma teatral, a classe burguesa, por assim dizer, apropriou-se e transformou-a, tanto em Paris – com seu último avatar, o teatro dito de bulevar – quanto em suas subprefeituras, no lugar de reunião de uma elite, ou que se considera como tal, com tudo o que isso comporta de aspectos restritivos, em particular o preço elevado dos ingressos.

É o que estava longe de acontecer com o teatro elisabetano, a característica dos *common stages*, ou teatros ordinários, sendo misturar todas as classes sociais.

Jean-Pierre Moreau, em sua *Inglaterra dos Tudors*, mostra com precisão esse fato:

> The Globe de Shakespeare, inaugurado em 1599, um pouco maior que os outros cinco ou seis, acolhe até 2.500 pessoas por dia, um grande número delas, mas não a maioria, de pé na plateia. O preço do ingresso é de apenas um *penny*, portanto acessível aos mais humildes: domésticos, trabalhadores diaristas e aprendizes. Por razões de concorrência, as peças ficam em cartaz por pouco tempo e são representadas em alternância, de modo que um espectador ou uma espectadora, pois as mulheres são numerosas, tem a escolha, diariamente, entre espetáculos sempre renovados. Ao todo, cerca de 15 mil pessoas, um décimo da população, vão toda semana ao teatro em Londres em 1595.

A título indicativo, e segundo a fonte inesgotável de *Londres, A biografia* de autoria de Peter Ackroyd, o salário médio de um trabalhador era de seis *pence* por dia, o preço de um ganso assado, enquanto uma torta de galinha custava oito. Um porco valia um *shilling*, um boi, dez. Assim, podia-se facilmente levar a família ao teatro.

Quanto ao ambiente, eis aqui o ponto de vista de Anthony Burgess, autor de *A laranja mecânica*, mas também de um tratado de *English Literature*[9], publicado em 1958, no qual analisa a cena shakespeariana de um modo muito pertinente e, à sua maneira, original:

> Shakespeare conhece bem o público elisabetano ao qual se dirige, essa mistura de aristocratas, espíritos cultos, homens galantes, malandros, marinheiros e soldados em licença, colegiais e aprendizes, que se assemelha mais ao de nossos cinemas que ao de nossos teatros. Banhados na luz do dia,

os espectadores cercavam o palco em três lados, alguns sentavam-se mesmo em cima. O ator moderno, separado do público pelos projetores e pela obscuridade, pode fingir tomá-lo por fileiras de bobos. Já o ator elisabetano devia estabelecer o contato com espectadores críticos, às vezes turbulentos, em todo o caso seres de carne e osso, não abstrações ocultas no escuro. A esse público era preciso dar o que ele queria, e, como tinha de tudo um pouco, ele queria uma variedade de coisas: ação e sangue para os iletrados, frases belas e espirituosas para os galantes, matéria a aprender, pensar ou debater para os colegiais, humor sutil para as damas, canto e dança para todo mundo. Shakespeare oferece tudo isso, como nenhum outro autor dramático jamais o fizera.

Henri Fluchère, em outro de seus livros, *Shakespeare, dramaturgo elisabetano*[10], observa:

O fenômeno do teatro elisabetano ultrapassa em amplitude todas as tentativas de expressão até então conhecidas, com exceção do teatro grego. O teatro parece que foi tão necessário às multidões elisabetanas como as touradas para as multidões espanholas. Na falta de jornais, reuniões políticas, clubes ou outros locais de prazer, é no teatro que a multidão comungava, informava-se, instruia-se, zombava, ria, chorava em comum. Ia-se buscar ali o sonho, a moral, a política, emoções fortes, lições de espírito, tanto o espetáculo da violência como o senso da sutileza, sangue, pilhéria, magia.

Magia... Eis a palavra exata. Eis aí o que nos livra, e que livrava os súditos de Sua Majestade Elizabeth, do peso do cotidiano, agravado na época, como hoje, pela precariedade, pelo fanatismo religioso, pelas ameaças de conflito, contrabalançadas por um forte senso patriótico, sobretudo após a derrota da Invencível Armada, em 1588, que fazia esse público vibrar unanimemente com todas as façanhas guerreiras de sua história nacional, as mesmas que ele via em ação no palco. E muitos tinham também uma predileção real pelo verso belo, pela imagem poderosa, pelo personagem transcendente, pelas intrigas ricas em peripécias. É disso que é feito o teatro, o que constitui justamente sua magia, e é assim que ele une, em um convívio inigualável, esses representantes da humanidade, tão diferentes entre si, que são os espectadores de toda condição e de toda origem.

Um teatro nacional e popular

Depois dos gregos, depois dos mistérios da Idade Média, o teatro só voltou a ser popular, no duplo sentido do termo, na Inglaterra sob o reinado de Elizabeth I.

Na França, sem querer diminuir os diretores de teatro contemporâneos – Mnouchkine, Vincent, Lavaudant, Vitez, Chéreau, Mesguich, Planchon, Sobel, de quem falaremos oportunamente –, três ou quatro grandes figuras compreenderam isso muito bem: Antoine, no começo do século XX, adepto do naturalismo, e seu sucessor Firmin Gémier, fundador do Théâtre National Populaire, no Palácio do Trocadéro; Jacques Copeau, diretor do teatro Vieux-Colombier; e Jean Vilar, que se denominava modestamente *"régisseur"** à maneira alemã.

Não nos deteremos nos dois primeiros, com concepções teatrais diametralmente opostas, para sublinhar a contribuição de Jacques Copeau, que, antes e depois da guerra de 1914-1918, paralelamente às suas atividades na Nouvelle Revue Française, pregou o retorno ao palco nu, em reação contra o teatro de bulevar, então onipresente. Ele se juntava assim a uma outra tradição, nem italiana, nem francesa, mas espanhola, a de Lope de Vega – um tablado, dois atores –, e a da época elisabetana, utilizando, com o auxílio de um contrarregra chamado Louis Jouvet, um praticável arco-escada que poderia ter sido o The Globe.

Quanto a Jean Vilar, graças à experiência do Festival de Avignon e também por necessidade financeira – foram os bombeiros que edificaram o primeiro palco do pátio principal do Palácio dos Papas em 1946 –, ele nivelou totalmente a cena, privilegiando somente a iluminação, como o mostra a magnífica imagem do *Prince de Hombourg* (Gérard Philipe), sentado em um banquinho, a luz de um *spot* bastando para materializar sua cela. Por outro lado, ele reinventou auriflamas

---

* Diretor de cena. (N.T.)

e cerimonial, com fanfarras e música de cena de Maurice Jarre, sem esquecer a sigla por muito tempo famosa de Jacno – aliás, ilustrador do maço de cigarros Gauloises – e a tipografia particular dos cartazes e dos textos editados, num ambiente e num contexto que lembravam muito os do Globe Theatre ou do Swan Theatre.

Vilar prosseguiu seu trabalho no Palais de Chaillot onde, até os acontecimentos de Maio de 1968, dirigiu o Théâtre National Populaire, após uma curta escala em Suresnes. No final de uma representação de *Ricardo II* ou de *Lorenzaccio*, as jovens datilógrafas dos comitês de empresa dançavam nos subsolos do Trocadéro e algumas podiam abraçar Gérard Philipe, que elas somente haviam visto no cinema e por quem estavam, evidentemente, apaixonadas. O teatro, enfim, voltava a ser uma festa para todos, uma festa que pagou seu tributo a Shakespeare com pelo menos duas grandes realizações: *Macbeth*, com Maria Casarés e Jean Vilar, depois Alain Cuny, e *Ricardo II*, com Jean Vilar e depois Gérard Philipe no papel principal.

Shakespeare, com trinta anos, não tinha nenhuma filosofia nem teoria no que se refere ao teatro popular. O povo simplesmente comparecia, ou pelo menos a *middle-class* que representa mais ou menos a pequena burguesia francesa. Por outro lado, ele tivera a ocasião de frequentá-lo de perto durante suas turnês pela província, bem como no *melting pot* de Londres. Portanto, é sem nenhum *a priori* que ele escrevia tanto para o público popular do Globe, ocupado pelos *Chamberlain's Men* no final de 1598, após a demolição do Teatro de Burbage – o que mostra o quanto essas salas eram efêmeras* –, como, posteriormente, para a corte nos palácios de Greenwich, Whitehall ou Hampton Court.

---

* O próprio Globe Theatre... No começo de 1599, em consequência de um litígio com o proprietário do terreno, Burbage e Shakespeare desmontam o teatro e o reinstalan em Bankside na outra margem do Tâmisa. É somente em 1623 que será construído o primeiro teatro com tijolos. (N.A.)

Não se melindrava de modo algum com o fato de companhias privadas também se apresentarem diante de pessoas ricas, em princípio exigentes ou pelo menos atentas, ou nas próprias salas destas, naturalmente mais confortáveis, situadas nos bairros bons, onde todos os espectadores tinham assentos e pagavam ingressos caros, de seis *pence* a dois *shillings*, os espetáculos sendo iluminados por velas e providos de muitos elementos de cenário, telas pintadas, às vezes pesados maquinismos. Não existia então, entre teatro público e teatro privado, a dicotomia que deploramos hoje e que se deve em grande parte às inconsideradas generosidades do Estado em relação ao primeiro, ao esnobismo da elite intelectual ou ao desejo de simples diversão da classe burguesa em relação ao segundo.

Falaremos apenas do primeiro, o que se implantou fora das muralhas em condições muito precárias.

Pode-se perguntar como era sua economia, com sua atividade transbordante e prolífica, e como era o *modus vivendi* dessas companhias que precisavam contar ao mesmo tempo com as generosidades de um protetor e com o número de espectadores na bilheteria.

Os atores, como se sabe, não representam apenas para a glória ou para distrair o público – segundo a grande e bela definição de Pascal: "Um rei sem divertimento é um homem cheio de misérias" –, eles cumprem esse ofício igualmente para assegurar sua subsistência. Porém, a particularidade dos atores do tempo de Shakespeare era fazer do teatro um investimento no sentido financeiro do termo. A noção de produtor ainda não existia: eram eles os produtores, e são citados esse ou aquele ator principal, por exemplo Richard Burbage, que conseguiu amealhar uma boa fortuna. O próprio Shakespeare, menos de dez anos após seu começo, pôde adquirir em Stratford uma das mais belas casas da cidade: New Place.

Shakespeare, que no início da carreira era apenas um ator modesto – o que ele sempre será, sobretudo a serviço dos outros, mas representando cada vez menos –, depois um autor estreante, não tarda, portanto, a se lançar ele também, após juntar o cachê. Segundo quais princípios?

Se excetuarmos os atores reunidos pontualmente para representar uma peça, os membros permanentes de uma trupe, como aquela a que pertencia Shakespeare, reúnem-se em uma sociedade, não anônima, mas artística, uma espécie de cooperativa. Esses membros permanentes investem capitais e pagam as despesas: cachês dos outros atores, gastos com cenários e acessórios, bem como quantias pagas aos autores, fazendo de seus textos a propriedade da trupe. Não há *copyright* nem direitos autorais: os manuscritos não são muito bem pagos, geralmente abaixo de 10 libras, enquanto os atores se outorgam cachês confortáveis.

Em contrapartida, esses participantes, de olho nos seus interesses, recebem naturalmente uma parte dos benefícios, proporcional à sua contribuição inicial, ou seja, ao seu número de ações. Assim, segundo uma regra muito precisa, eles repartem entre si a totalidade dos ingressos da plateia e metade dos das galerias. É a razão por que são chamados *sharers*, o verbo *to share* significando "partilhar".

No entanto, os teatros não pertencem aos atores e são geralmente alugados. É aos proprietários que cabe a outra metade da receita das galerias, os ingressos mais caros. Esses proprietários são os *housekeepers*, o mais célebre deles – sucede de os proprietários de teatros também chegarem à notoriedade – sendo um agiota, comerciante de imóveis e tesoureiro de sua paróquia, chamado Philip Henslowe, que acolhe tanto espetáculos teatrais quanto combates de animais. Ele possui The Rose, Newington Butts, The Fortune. Aparentado ao ator Edward Alleyn, deixou um *Diário*, equivalente ao famoso *Registro* de La Grange para a trupe de Molière, muito precioso para acompanhar a vida cotidiana dos teatros elisabetanos.

Entre esses *housekeepers*, há também um ourives, Francis Langley, proprietário da metade do Globe Theatre com os irmãos Cuthbert, que o construíram, e Richard Burbage, que detém igualmente os direitos prediais – ou seja, as paredes – de toda a nova sala de Blackfriars, inaugurada por sua iniciativa. Rapidamente as trupes conquistam uma certa independência, adquirindo cotas.

E Shakespeare?

De início, o jovem dramaturgo é designado para cuidar da receita das representações da trupe do camareiro-mor da corte em 1594. Pode-se deduzir disso que o consideravam um sujeito honesto... Três ou quatro anos mais tarde, ele é um dos oito *sharers* da companhia. Em 1599, o número de acionistas diminui: são apenas cinco, mas trata-se do Globe Theatre, que acaba de ser reconstruído, justamente, por Cuthbert e Burbage. Estes últimos cedem-lhe um quinto da metade das ações. Eis que Shakespeare passa a ser coproprietário. Em 1608, passa a ser acionista também do teatro de Blackfriars.

Nenhum diretor ou produtor teatral contemporâneo negará que esse é o melhor meio de fazer representar suas peças. Ainda mais que o risco é mínimo. Em Londres, nessa época, os teatros estão sempre cheios, transbordam de um público muitas vezes frustrado por seu fechamento episódico, devido a uma epidemia ou à má vontade das autoridades, como a de um certo Lord Cobham, camareiro-mor de humor puritano que, entre 1596 e 1597, fez interditar os atores pela municipalidade de Londres.

Shakespeare não se priva de tentar vender suas peças. Isso talvez se passe no balcão de uma taverna, como vemos no filme *Shakespeare in love**, ou nos bastidores, entre homens da profissão. O que não quer dizer que, às vezes, não se roubem ideias.

---

* Filme anglo-americano realizado em 1998 por John Madden a partir de um roteiro de Marc Norman e Tom Stoppard, com Gwyneth Paltrow e Joseph Fiennes. Vemos ali Christopher Marlowe soprar a Shakespeare o tema de *Romeu e Julieta.* (N.A.) No Brasil, *Shakespeare apaixonado*. (N.T.)

Não quer dizer tampouco que não houvesse conflitos. Não se fazia a guerra unicamente no palco, pois a concorrência era rude em Londres entre as diferentes trupes surgidas quase ao mesmo tempo, como um soberbo buquê, no final do século: os *Chamberlain's Men* de Skakespeare e Burbage, a trupe de Lord Amiral Baron Howard, na qual se apresentava o trágico Alleyn, a de Worcester, descendente de Eduardo III, os *Oxford Boys* de Edward de Vere, conde de Oxford, a companhia de Lorde Leicester, favorito da rainha que lhe concedera uma patente real já em 1574, isto é, a autorização oficial de representar na corte, sem esquecer a trupe da própria soberana, os *Queen's Men*, sob o comando de Edmund Tilney, mestre dos prazeres na corte, e de Richard Tarlton, cômico muito famoso. Era a "guerra dos teatros", na qual se enfrentavam, polemizando alegremente, em uma saudável mas não desinteressada emulação, todos os que pertenciam então à arte dramática.

Durante esse tempo, os temas circulam, os manuscritos também, às vezes de maneira clandestina. Em relação à escrita, reproduz-se em quase toda parte o esquema que presidiu, como vimos, a elaboração de *Henrique VI*: participação coletiva. Não apenas de alguns confrades autores, rivais porém amigos, ocupados com temas vizinhos, mas também dos próprios atores, todos profissionais que, tanto do lado da corte quando do lado de Southwark, que não se poderia qualificar de um jardim, conhecem seu público na ponta dos dedos. E eles têm realmente mérito, levando em conta a diversidade do público, como já vimos. A grande força dessa gente do teatro era prejulgar o que agradaria a todos, sem nenhuma discriminação elitista, cultural ou, em sentido oposto, demagógica.

Shakespeare, no entanto, é capaz de escrever sozinho, e ele escreve depressa. Mesmo as peças mais complexas da segunda parte de sua carreira, mesmo os monólogos mais profundos, inventados talvez e ruminados pelo ator que ele era igualmente, durante passeios solitários sob as árvores de Stratford ou na mesa de uma taverna de Londres. A densidade de alguns desses monólogos, a prodigiosa invenção da poesia e do vocabulário, a diversidade das situações, fazem sonhar. Os clássicos franceses, Racine em particular, contentam-se com umas trezentas palavras. Corneille escreve com a sobriedade do advogado que era e continuou sendo. Somente Molière improvisa com seu talento inato de "farsista". Todos, porém, são amordaçados pelas decisões arbitrárias de Boileau, que lança na sombra autores dramáticos como Alexandre Hardy e Thomas Corneille*.

Shakespeare, por sua vez, utiliza mais de vinte mil palavras. E escreve rápido, mesmo se "o tempo nada importa no caso", como Alceste tenta fazer compreender a Oronte**. A proximidade de um primeiro ensaio, de uma primeira representação, a necessidade de substituir um espetáculo por outro quando as receitas diminuem, explicam geralmente essa prontidão, à qual todos os antigos se adaptam muito bem: sabe-se, por exemplo, que Goldoni chegou a fazer representar até treze peças em uma única estação. Mas, no fundo, que nos importa saber isso, lembrar que Stendhal levou 42 dias para escrever *A cartuxa de Parma* e Orson Welles, 23 dias para filmar *Macbeth*? Somente o resultado conta, aquele que fica na memória, nos livros ou nas cinematecas.

O fato de recorrer a temas existentes, ou mesmo de reescrever peças contemporâneas ou clássicas, facilitava evidentemente as coisas. E a época, aliás como a do século XVII francês – para produzir mais depressa, Molière, Racine e Corneille, já citados, não se privaram de garimpar no patrimônio –, não se preocupava muito com o lugar de onde os autores tomavam seus achados. Somente nossos contemporâneos, querendo permanecer fiéis a seu tempo, é que insistem em temas originais. Quase todos, pelo menos, uma vez que a imitação ou, com mais razão ainda, o plágio tornaram-se hoje delitos. Contudo, bem depois dos clássicos evocados acima, Sartre (*Les Mouches*) e O'Neill (*Mourning*

---

* Irmão menos conhecido de Pierre. (N.T.)

** Personagens de *O Misantropo*, de Molière. (N.T.)

becomes Electra)* se inspiraram nos trágicos gregos. Anouilh (*Antigone*), Giraudoux (*Électre, Amphytrion 38*), Cocteau (*Antigone, La Machine infernal*) transpuseram obras já famosas, atualizando-as e adaptando-as, pelo menos no caso de Sartre e Anouilh, ao contexto de sua época. Outros inspiraram-se no próprio Shakespeare, como Heiner Müller em *Hamlet-máquina*, Edward Bond em *Lear* e, muito recentemente, Botho Strauss com sua visão pessoal de *Tito Andrônico*.

O que se pode perguntar, para além da rapidez da escrita, é como os atores tinham tempo de aprender seus papéis, geralmente pesados e de uma extensão extrema quanto ao texto: vejam-se os monólogos de Ricardo II, de Ricardo III ou de Próspero. Comparado a estes, o de Hamlet é um modelo de concisão, o que, aliás, faz sua força.

E não havia muito como improvisar, levando em conta a rítmica do decassílabo. De onde provém a importância do ponto, curiosamente chamado *prompter*. Não se inventa nada. Seu manuscrito pessoal era o *prompt book*. Como não havia a caixa do ponto, suprimida na cenografia moderna, ele se dissimulava em alguma parte nos bastidores, geralmente com a ajuda de dois ou três comparsas. Se falava quase tão alto como os atores, isso não era notado por um público extremamente ruidoso (*boisterous*) – eis aí uma coisa bela, no teatro, o silêncio; porém, a população de Southwark ou de Shoreditch não tinha esse cuidado. Algumas páginas do texto eram pregadas em elementos do cenário, astúcia ainda hoje utilizada, embora tenha sido inventado um meio ainda mais aperfeiçoado, o minifone de ouvido, que dispensa decorar uma única linha do texto.

De todo modo, na época, o público não era muito capaz de controlar o que ouvia, e na sala não se viam estudantes buscando estudiosamente acompanhar a peça em sua brochura. As peças nunca eram editadas. No entanto, quando uma delas fazia sucesso, o que era frequente, um impressor

---

* Em português, *As moscas* e *Electra enlutada*, respectivamente. (N.T.)

mais ou menos escrupuloso apoderava-se dela; roubava-se o exemplar do ponto e fazia-se com que escribas anotassem a toda pressa as réplicas durante uma representação. A pirataria reinava absoluta.

Shakespeare não dava a menor importância a isso, não tendo deixado um único manuscrito autografado e nunca se dignando a corrigir as provas de suas obras. As únicas pelas quais se interessou foram suas obras poéticas. Suas coletâneas *Vênus e Adônis* e *A violação de Lucrécia* tiveram, isto é certo, seu *imprimatur*. Quanto à obra teatral, como catalogar tantas versões diferentes, tantos retoques ou variantes ao longo dos ensaios e das representações? Um verdadeiro quebra-cabeça para os críticos e exegetas do futuro. Daí advém o mérito do *Folio* de 1623 que fixa, com quase exatidão, o estado de suas peças depois que fizeram carreira.

É que ele tinha consciência, esse homem de teatro, de que um texto é feito primeiramente para ser dito e representado. Ele não pensava, e esse é o seu grande mérito, nem em fazer uma obra literária, nem em figurar na história da literatura. Depois de algumas representações, o assunto estava encerrado. A peça agradara, ou desagradara, e passava-se a uma outra. Tal era a vida cotidiana do teatro nesse reino.

Uma jornada na vida do Bardo

Seria inútil, como foi feito em relação às múltiplas moradias de Strindberg em Estocolmo, procurar em Londres os domicílios de William Shakespeare: ele não deixou seu endereço. Mesmo assim, acreditou-se localizar um desses domicílios – certamente destruído pelo tempo ou por um dos inúmeros incêndios da cidade, sobretudo o de 1666, ou pela *blitz* alemã em Bishopgate. Lucien Dubech, corajoso, materializou-o ao produzir, em sua *História geral ilustrada do teatro*, um plano da velha Londres marcado por uma cruz. Shakespeare foi traído pelos registros dos coletores de impostos, os *petty collectors*, atrás de uma contribuição que ele deixara de pagar e que, de resto, quitou em seguida.

É certo, porém, que Shakespeare nunca possuiu em Londres, no vasto aglomerado de Londres que não cessava de crescer, casa própria, exceto a que adquiriu no bairro de Blackfriars, em 1613, a cem metros dos teatros, pela soma de 140 libras, casa que nunca habitou. Mais um investimento. Esse provinciano inveterado, portanto, que retorna regularmente para junto da família em Stratford, vive em moradia de aluguel, sem grande pompa, e o mais perto possível dos locais onde são representadas suas peças. O bairro pouco lhe importa e, como dissemos, estando os teatros localizados fora do centro em razão das vontades municipais, as casas que ele aluga situam-se nos arrabaldes, geralmente na margem direita do Tâmisa, em Southwark, com exceção da Silver Street, distrito de Cripplegate ao norte de Londres, onde parece, igualmente, que ele morou.

Como as representações são à tarde, isso significa uma economia com iluminação. Somente Blackfriars adota horários mais tardios, e foi certamente a partir dessa época que os londrinos escolheram um meio-termo, o da representação às seis da tarde, o que é bastante prático: pode-se assim ir ao teatro ao sair do trabalho e, para quem quiser, dormir cedo. E as pessoas se recolhiam cedo na Londres do Renascimento, pois as ruas não eram seguras ao anoitecer, muito menos à noite.

A representação prolonga-se por intermináveis rodadas de cerveja ou por alguma comezaima, em uma taverna, entre comediantes. Comia-se muito, na época de Elizabeth, quando se tinha dinheiro para pagar a comida. Caso contrário, era o regime de pão e nozes, informa-nos Peter Ackroyd em *Londres, A biografia*. Ele nos revela igualmente a origem da palavra *cockney*: *coquina*, cozinha, em latim*. Em Londres, o ganso assado, o frango e os animais de caça eram particularmente apreciados. Nos dias magros, comia-se lampreia e salmão. Outro prato saboroso eram enguias pescadas no Tâmisa.

Em 1592, conta também Peter Ackroyd, um observador veneziano anotou que os autóctones gostavam de degustar ostras com pão de cevada.

Eis, portanto, nossos atores solidamente instalados à mesa. Esses ágapes são igualmente a ocasião de fazer as contas e dividir as receitas entre *sharers* e *housekeepers*. Não há muitas discussões a esse respeito: as regras são claras, o público numeroso, o dinheiro entra, todos estão contentes. Alguns prolongam a noitada e vão a salas de jogos mais ou menos duvidosas. Diz-se que Ben Johnson em particular era, além de suas más companhias, um viciado *gambler* e que deixou muito dinheiro nas mesas de jogo. Não era o caso de William. Não porque ganhasse pouco, mas certamente ele achava mais razoável levar o dinheiro à família e aplicá-lo para assegurar seus dias de velhice. Mesmo assim, o dinheiro tinha para ele menos importância do que, por exemplo, para Ben Johnson, com seu *Volpone* ou com *O Alquimista*.

Já é tarde da noite quando eles vão se deitar: após o espetáculo e os festejos, os artistas sempre têm um pouco de dificuldade de pegar no sono, como se quisessem prolongar

---

* Deixamos com ele a responsabilidade, pois o *Oxford Dictionary* atribui a origem a *cock'egg*, que se transformou em *coken-ey*, característica de um sotaque muito particular das classes baixas, sobretudo no East End, aquele que é decifrado pelo professor Higgins em *Pigmaleão*, de G.B. Shaw. (N.A.)

indefinidamente os momentos excepcionais que acabam de viver. Shakespeare voltava sozinho para casa? Talvez nem sempre, mas imaginamos que ele preferia entregar-se furiosamente à sua arte a divertir-se debaixo das cobertas com uma companheira – ou um companheiro –, talvez um membro da trupe mais assanhado, menos ainda com uma prostituta de passagem, embora elas não faltassem em Londres: os teatros da periferia eram cercados de bordéis a seis *pence*.

Tomado pela inspiração, que não o abandona, o dramaturgo acrescenta, à luz de velas, uma cena ou duas à peça em andamento, pois as peças sucedem-se uma atrás da outra. Há textos a entregar para o dia seguinte ou dois dias depois. É como se a cortina – é uma imagem, já que ela não existe – não baixasse nunca. O resto da noite pode ser tranquilo, perturbado apenas pelo grito intermitente dos vigias. Ao raiar do dia, não há galo para agitar os adormecidos, como o que antecede o desaparecimento do espectro em *Hamlet*:

> HORÁCIO
> E aí estremeceu como alguém culpado
> Diante de uma acusação. Ouvi dizer que o galo,
> Trombeta da alvorada, com sua voz aguda,
> Acorda o Deus do dia,
> E que a esse sinal,
> Os espíritos errantes,
> Perdidos em terra ou no mar, no ar ou no fogo,
> Voltam rapidamente às suas catacumbas.

É antes o grito de um vendedor de rua, a passagem de uma charrete ou de uma carroça, o som dos sinos da paróquia vizinha, que tiram o poeta da cama. Ele se levanta, o espírito um pouco confuso, e, tendo vestido os culotes, o gibão e o vistoso chapéu de plumas, sem se barbear, vai à taverna da noite anterior, provavelmente a Mermaid (a Sereia), em Bredstreet, onde Shakespeare e Marlowe se encontravam com frequência, onde flutua ainda um cheiro de tabaco, inovação muito recente*, e das bebedeiras. Ali, com o estômago vazio, bebe uma caneca de cerveja, a primeira do dia, acompanhada de arenque na salmoura ou ovos mexidos com uma fatia de presunto.

A refeição não podia durar muito, pois o ensaio vai começar e é preciso ir sem demora ao teatro. Isso o ocupará praticamente até a hora da representação e a chegada dos primeiros espectadores. "Serão numerosos?" é a pergunta que se faz com ansiedade. Uma multidão já espera, certeza de uma boa arrecadação.

O desenrolar do ensaio é caótico. É preciso resolver os problemas habituais: um ator está doente e deve ser substituído sem preparação. Um outro não atua bem e deve-se fazê-lo compreender isso. E o autor... Está presente, o autor? Os atores acham que uma passagem não é muito eficaz, não atinge o público. Não poderiam ser cortados esses quinze versos, que não servem para nada? Outro acha que seu papel não está bem desenvolvido no final: o personagem merece mais.

Sem resmungar, mas não sem ter discutido, o autor põe-se a trabalhar de novo, em um canto da sala ou do palco. Se necessário, vai escrever algumas linhas na taverna ao lado, reconfortando-se com um copo de rum ou uma tigela de sopa. Acrescenta, suprime, modela sua obra, com base nas reações do público que ele mesmo constatou ou que lhe relataram. Quer agradar ao papel principal, ou a uma atriz, que é geralmente um ator, pois sabemos que os papéis de mulheres eram representados por rapazes**, o que levava algumas peças de

---

* Jean Nicot (1530-1600) era embaixador em Lisboa quando enviou a Catarina de Médicis sua "erva", tabaco em pó cujo gosto e cuja moda propagaram-se com uma velocidade vertiginosa. Shakespeare, ao trabalhar, talvez fumasse um cachimbo longo e fino, esculpido com uma figura de proa, uma sereia. Sabe-se também que Jaime I, desde sua subida ao trono, promulgou, sob o título *Counterblast to tobacco*, o primeiro tratado antitabagista da História. (N.A.)

** Com exceção de algumas damas da *gentry*, geralmente com máscara e para se divertirem, será preciso esperar a Restauração, em 1660, para que as mulheres tenham o direito de atuar no teatro, quando as atrizes já subiam ao palco na Itália e na França. (N.A.)

mascarada, como *Noite de Reis*, a situações extremamente ambíguas. E o que dizer de Romeu e Julieta, quando a cotovia ou o rouxinol cantam para dois efebos enlaçados no mesmo leito? Mas sobre isso falaremos adiante mais longamente.

Por ora, o autor, tendo concluído seu trabalho, retorna agitando as folhas para fazer secar a tinta. Recopiam-se apressadamente suas correções. Todos os textos são manuscritos, ainda não havia a fotocópia, e as peças, com exceção dos in-quarto clandestinos, não eram editadas.

Enquanto isso, os guarda-roupas (*dressers*) ocupam-se em arrumar os figurinos, geralmente, como vimos, muito ricos e de grande valor. O pessoal de cena reúne os acessórios, "tão numerosos quanto heteróclitos", diz-nos Henri Fluchère, baseado no inventário da companhia de Lorde Amiral, descoberto nos registros do *housekeeper* Henslowe e datado de 1598:

> Armas ou instrumentos de guerra, insígnias da realeza, atributos dos deuses, dragões, cavalos, peles ou cabeças de leão, bancos de musgo, arco-íris, ataúdes e cem outros objetos diversos, destinados a dar um ponto de partida à imaginação.

Sem esquecer o sangue, muito importante. Como ainda não havia sido inventado o cinema nem descoberta a hemoglobina, esse sangue bastante utilizado no teatro elisabetano era de porco, encerrado em uma bexiga também de porco. Vê-lo correr em borbotões, graças a trucagens que os adereçistas de hoje talvez reinventaram sem saber, maravilhava o povo.

Às vezes, o senhor protetor e mecenas da trupe, no caso Lorde Strange ou, mais tarde, Lorde Hunsdon, novo camareiro-mor, vem fazer uma visita. Ele é cercado de atenções. Trata-se de um homem que gosta de se aproximar dessa gente que ele não conhece, mas na qual há sempre uma caça interessante: os histriões. Poder-se-ia supor que ele pouco opina sobre o espetáculo, pois certamente nada conhece... Engano. Se ele emite críticas, que o escutem com reverência, por que geralmente elas têm fundamento e vêm de um espírito esclarecido e culto. São também o eco da opinião que se formou em torno de Sua Senhoria, entre seus comensais e cortesãos: é assim que começa, partindo do alto e se espalhando rapidamente, o chamado boca a boca, que faz, mais do que a publicidade, o sucesso das companhias.

E o ensaio prossegue na desordem barulhenta que reina então no teatro; como em todos os palcos do mundo, há marteladas anárquicas, falas soltas que estão sendo decoradas, um vaivém incessante e às vezes discussões. Um homem tentar dar um pouco de coesão, mas não é um diretor, nem mesmo um contrarregra. A função não existe e não existirá por muito tempo, nem na Inglaterra, nem em outros lugares. Quem indica as posições e os movimentos dos atores, quem os faz repetir até achar o ponto certo, quem determina sua saída quando acabaram sua cena, ou sua entrada para que não haja falhas, quem tenta dar um pouco de bom senso a essa barafunda em que todos buscam puxar a sardinha para sua brasa e pôr-se em evidência é, em geral, o ator mais experiente da trupe – mas nem sempre o mais antigo – ou o que desempenha o papel principal e, às vezes, o próprio autor.

Dificilmente imaginamos Shakespeare nesse papel. Retocar sua peça, tudo bem. Ele é tão exigente que, se escutasse a si mesmo como escuta os atores, não pararia de reescrever. É o que provam, aliás, as inúmeras variantes e aproximações de seus textos, primeiro nos in-quarto, depois, estabilizados, no *Folio* de 1623. Portanto, escrever e reescrever é seu papel: ele é pago para isso. Quanto a dirigir... Se ele favoreceu esse ou aquele ator – em particular Richard Burbage, de quem foi grande admirador, para quem escreveu alguns de seus maiores monólogos e que incluiu, lembremos, em seu testamento –, nunca lhe teria passado pela cabeça indicar as entonações a *Lady* Macbeth quando ela evoca os perfumes da Arábia ou a Ricardo III quando despeja seu veneno, fazer Julieta contar três passos para se aproximar de Romeu durante o baile na casa dos Capuleto, nem recomendar a Lear arrancar com mais vigor a barba em suas cenas de loucura.

A cada um seu ofício.

O do ator, Henri Fluchère o situa em algumas fórmulas bem apanhadas:

> O ator devia trabalhar sua voz e sua articulação, bem como aquilo que os tratados de retórica chamam a *ação*, isto é, seus gestos, sua atitude, sua mímica. Todos esses movimentos eram, como sabemos agora, regidos por convenções precisas, das quais a quirologia* e a quironomia da época nos dão alguma ideia. Cada emoção violenta tinha sua simbólica de gesticulação à qual era preciso conformar-se. O ator não improvisava. Além disso, ele devia saber cantar, tocar um instrumento, manejar uma espada, dançar, lutar, exprimir pela mímica uma participação completa na ação, em suma, adaptar-se a todos os estados e a todas as situações.

E, já que falamos do ator, aproveitemos para apresentar alguns dos que participam do ensaio desse dia. Para começar, mérito a quem merece, o "general" com que cruzamos há pouco, Richard Burbage. É o filho mais moço de James Burbage, que fundou o primeiro teatro, The Theatre, em 1576, e foi com seu pai que ele estreou. Digno, garboso, com barba e bigode, foi descrito como um "Proteu", tamanha a sua capacidade de assumir todos os grandes papéis, e é para ele que Shakespeare escreverá os mais importantes dos seus: Hamlet, Ricardo III, Otelo, Lear e Malvólio em *Noite de Reis*.

Por outro lado, considerado com razão o chefe da trupe, ele dirige com voz firme, sem elevar o tom e sem jamais discutir. Shakespeare tem toda a confiança nele, e reciprocamente.

Não longe de Burbage, incontrolável, mas muito atento às indicações que lhe dão, tendo sempre um gracejo pronto e gostando de divertir o público, temos Robert Armin, que pertencerá aos *Chamberlain's Men* até 1603. Ele substituiu William Kempe, o célebre dançarino de giga no final dos espetáculos, e interpretará Feste, na mesma *Noite de Reis*, e o Louco de *O rei Lear*, enquanto Kempe representou Pedro

---

* Comunicação feita através de sinais com os dedos. (N.T.)

em *Romeu e Julieta* e Dogberry em *Muito barulho por nada*. Mais grave, e raramente pronunciando uma palavra fora do texto, Edward Alleyn ajusta-se ao papel de pai aristocrático, mas ele está aí apenas de passagem, já que pertence à companhia de Lorde Amiral.

Há um músico, John Wilson, que se exercita em um canto com o alaúde ou a flauta transversa: ele tem todos os talentos e comporá para a trupe várias canções, entre as quais a célebre *Take those lips*, em *Medida por medida*. Henry Condell é um dos amigos mais fiéis de Shakespeare: membro da trupe até 1625, é quem se encarregará, com o *Folio* de 1623, da edição das obras completas após sua morte. Augustine Philips ocupa um lugar importante, pois é um dos *sharers* do Globe. Sabe cantar, dançar e falar, tendo sido a testemunha de defesa no processo que se seguiu à malograda iniciativa de Essex quando fez representar *Ricardo III* para atacar a rainha. Quanto a Thomas Pope, é vizinho de Shakespeare no bairro de Southwark. Titular dos papéis de *clown*, fará o coveiro de *Hamlet*, sem precisar de esforço para ter o sotaque *cockney*. John Sinckler, pago por representação, participou de *Henrique IV* e fez o papel de Aguecheek em *Noite de Reis*. Enfim, há Heminges, bonachão barrigudo, fanfarrão, que se associará com Condell para a publicação do *Folio*. Gosta de beber, de comer, e é raro que não se apresente no ensaio com uma caneca de cerveja na mão. Muito amado pelo público e colegas, é quase desnecessário dizer que seu principal papel foi o de Falstaff.

Toda essa gente se agita, se concentra ou se dispersa, às vezes discute. Alguns repetem seu texto para memorizá-lo, outros ensaiam um jogo de cena um pouco complicado. Entre duas réplicas ou duas falas, chegam notícias do exterior, por exemplo as de Ben Johnson, que vem seguidamente como amigo, mas hoje está impedido de vir porque está na prisão, em Newgate, por ter matado um homem em duelo. Murmura-se que sua cabeça corre perigo.

Assim desenrola-se, em uma espécie de zum-zum amistoso e produtivo ao mesmo tempo, a preparação de um espetáculo por esses atores estudiosos, enquanto o autor permanece geralmente sozinho, não obstante a amizade que o cerca. Está ali na sala por ora vazia, como acontece a todos os autores. Mais perto de nós, Anouilh refugiava-se em um camarote para escutar seus intérpretes, e nada lhe escapava. Marcel Achard também fez isso, mas através de um servente, para constatar que o ator Robert Lamoureux, em *Domino*, representava Lamoureux – ele não conseguia evitar – e não Achard.

Shakespeare, bom aluno, estudioso também, toma notas, por escrito ou mentalmente: a maneira como utiliza suas numerosas leituras para construir suas peças, quer se trate de obras de outrem ou de livros de consulta como a crônica de Holinshed, ou ainda as biografias de Plutarco e Suetônio, demonstra sem a menor dúvida que possuía uma excelente memória. Ele formulará suas observações com o cuidado de não ferir ninguém; os atores são especialmente suscetíveis, naquela época como hoje. Gostam apenas dos aplausos, e o *gentle Shakespeare* devia satisfazê-los, pois cumpre reconhecer-lhe uma grande qualidade: ele ama os atores, apaixonadamente, ele que foi e continua às vezes a sê-lo. É um homem da profissão, e não um literato que concebe sua obra no silêncio frio de um gabinete. A vida no palco lhe é tão indispensável – vital – quanto a cada um de seus intérpretes. Assim, já que ele os ama, estes o amam também. Mesmo se o teatro é às vezes o lugar das mais violentas disputas, é sempre por amor que ele começa.

Além disso, com o sucesso que gera caixa, com a notoriedade que todos ganham, o autor adquire a cada nova criação um pouco mais de respeito. Na época, não há crítico nem colega bilioso – com exceção de Robert Greene – para desancar uma peça no dia seguinte à estreia. O que conta é apenas o público, muito variado e jovem, como vimos, que se amontoa na entrada do teatro pouco antes da abertura, assim como suas reações, seu agrado ou sua desaprovação, seja ela plebeia ou senhorial. Só o público decide, tribunal onipotente de todos os teatros do mundo e de todos os tempos.

Shakespeare, portanto, era um homem amável, pode-se dizer. Mas que tipo de homem exatamente? Pois todo indivíduo, mesmo um dos maiores gênios de todos os tempos, tem uma natureza, um caráter, antecedentes genéticos que pertencem só a ele e que, de certo modo, o fabricaram.

Evocamos sua relação com o dinheiro. E não é inútil lembrar que seu signo zodiacal é o de Touro, como Balzac. O Touro, hipnotizado pelo vermelho da muleta que provoca suas arremetidas, é facilmente atraído pelo que é ou aparece como riqueza. A contrapartida de seu vigor é uma certa fraqueza de visão, que o leva a tomar por riqueza o que é apenas falso brilho. Ele é apaixonado pelos bens deste mundo, mesmo o que é só aparência.

Uma outra característica do signo, como a do bovídeo em questão, é apegar-se a um território preciso, a *querencia* na arena, da qual dificilmente se pode tirá-lo, mas que explica em parte sua atração pelos bens imobiliários. E, do ponto de vista das finanças, o Bardo parece ter tido as ideias bem no lugar. Investiu quando era preciso, onde era preciso: suas mudanças sucessivas, ligadas à sua atividade, não parecem ter tido nenhuma importância. Talvez seu signo fosse contrabalançado por um ascendente Virgem ou Balança, mas podemos também nos referir, para melhor circunscrever sua personalidade profunda, ao barômetro de sua época: a célebre teoria elisabetana dos humores, que Ben Johnson, em particular, mostrou em sua peça justamente intitulada *Every Man in his Humour* (*A cada um seu humor*, 1598), na qual Shakespeare representava um dos papéis.

Esses humores eram quatro: sangue, fleuma, bile amarela e bile negra ou melancolia. O equilíbrio deles constitui evidentemente o caráter ideal, a predominância de um ou de outro sendo causa de paixões mal conduzidas, vícios, perversão e mesmo loucura. Qual desses humores era predominante em Shakespeare?

Provavelmente não o sangue, que devia ser todo-poderoso em Falstaff. Era o Bardo calculista como Shylock em *O mercador de Veneza* ou Edmundo em *O rei Lear* (fleuma), turbulento como Mercúcio em *Romeu e Julieta*, astuto e irresistível como Puck em *Sonho de uma noite de verão* ou Ariel em *A tempestade* (bile amarela), amargo e vingativo como Ricardo III, Leontes no *Conto de inverno* ou Iago em *Otelo* (bile negra), sonhador e romântico como Hamlet ou Tímon de Atenas (igualmente bile negra)? É por esta última que nos inclinamos, pois em nenhuma idade de sua vida Shakespeare se fez notar por tumultos de taverna ou de rua, como Ben Johnson. Não se bateu em duelo, não foi objeto de nenhum caso de polícia, mesmo após o episódio da conspiração de Essex, depois da qual, certamente por intervenção senhorial, a trupe do camareiro-mor de modo nenhum teve problemas. Não se divorciou, o que a religião católica lhe teria proibido, e ele não era Henrique VIII para transgredir. Um homem da sombra, conhecido e apreciado unicamente em seu meio, o do teatro.

No entanto, um homem público, um astro, mesmo não sendo o único astro da época: Marlowe, Ben Johnson, Spenser, Thomas Kyd gozavam de uma reputação igual à dele. Um autor popular, e convém relativizar, é claro, a noção de popularidade na época, pois ainda não haviam sido inventados os tabloides, esses criadores de falsos valores que se mostram hoje bastante essenciais no Reino Unido.

A celebridade, palavra que rima com posteridade e prosperidade, é como o raio cego de um holofote que varre a multidão e ilumina ao acaso um rosto. Ou como a roleta da loteria, numa feira ou num cassino, que hesita longamente antes de deter-se num número. Porém, pode-se pensar que esse número está escolhido desde sempre, de certo modo é o número do destino, e que os outros, ao redor, não contavam com a sorte. Shakespeare, sem dúvida alguma, beneficiou-se dela, mesmo considerando algumas emboscadas políticas, como a conspiração de Essex ou o *Gunpowder Plot*, de que falaremos adiante, emboscadas nas quais por pouco não caiu, ou ainda sua confissão católica, à qual nunca renunciou. Não esqueçamos que o anglicanismo estava então em plena expansão e que os "papistas" eram muito mal vistos, com frequência molestados, às vezes enforcados e sempre mantidos à distância pelo puritanismo inglês, que só haveria de crescer.

Assim, na sociedade elisabetana havia duas religiões, assim como, no plano social, os ricos e os pobres, inclusive os muito ricos e os muito pobres. Havia os aristocratas, que nem sempre eram os mais ricos, e a plebe; os primeiros, remanescentes de guerras exteriores e de conflitos internos muito cruéis, de lutas violentas por essa ou aquela possessão; os segundos, tendo que sofrer, como todos os pobres do universo, uma miséria endêmica, epidemias repetidas, sobretudo as da peste, condições de vida as mais precárias, uma natalidade não atenuada por uma pequena esperança de vida e uma mortalidade de recém-nascidos muito alta.

Havia em Londres inúmeras confrarias de mendigos, e Thomas Morus evocou, diz-nos Peter Ackroyd, as multidões de famintos que afluíam às grades dos mosteiros londrinos: "Vejo às vezes tantos vagabundos pedindo esmola em Westmynster que, para ter paz, eu preferiria dar meia-volta".

Apesar das enormes disparidades dessa sociedade, os extremos tendiam a se juntar e as diferenças a se nivelar. A rainha, como dissemos, não hesitava em participar de festas populares como o teatro, o que o povo lhe reconhecia aclamando-a. Havia também uma verdadeira consciência nacional, sobretudo após a vitória sobre a Invencível Armada, vitória que foi auxiliada por uma tempestade providencial e que originou talvez o orgulho com que, desde então, os britânicos medem o resto do mundo. Shakespeare sentia perfeitamente isso, e há patriotismo no ardor com que organizou a série dos Tudor, na primeira fase de sua carreira, fazendo do último Lancaster um monstro abominável, para depois denunciar, ganhando altura em *Lear*, em *Macbeth*, em *Júlio César* e em *Coriolano* – mas aí já estamos na época de Jaime I, o escocês –, os males da ambição e os erros a que ela conduz.

A História não é senão acasos e insignificâncias sanguinolentas. É o acaso do sangue que Shakespeare põe em ação. Mais tarde, bem mais tarde, ficaremos sabendo que é o poder do dinheiro que tenta influir na História – e com sucesso –, utilizando como bucha de canhão um material barato: a carne humana. Os soberanos, com a fome à porta, só buscavam a expansão para encher seus cofres, alguns casamentos úteis fazendo e desfazendo os territórios. Mascarada, nossa época contemporânea contenta-se em sentar à mesa dos conselhos de administração para enviar à morte populações inteiras.

Reprovar-se-á um dramaturgo por permitir-se julgar os poderosos deste mundo? Se ele não tira disso uma mensagem positiva, não é por causa de sua compleição humoral, na qual, portanto, não nos deteremos mais. Ele vive e sobrevive simplesmente. E seu espírito, seu comportamento, o reflexo em suas obras do que viu e viveu Shakespeare, é exatamente o do Renascimento em todos os países da Europa, luxuriante, luxurioso, amante dos prazeres, mas também aventuroso e ávido de descobertas, um período que poderia ser comparado ao nosso com a energia nuclear, a informática, a telefonia sem fio. Em um século, quantas descobertas geográficas; na cultura, quantos textos fundamentais, quantos cismas violentos na religião, quantas riquezas fundadoras. O gênio de Shakespeare é ter sabido dar conta de tudo isso por intermédio dessa gente vivaz, indisciplinada às vezes, com frequência portadora de um talento indiscutível e suscitante da admiração, que é a gente do teatro.

Shakespeare e as mulheres

Não sem uma certa verossimilhança, ao menos é o que esperamos, descrevemos o cotidiano de um autor-ator no tempo de Shakespeare. Na verdade, tratava-se dele. Agora podemos colocar a questão, aflorada no capítulo precedente, dos amores do Bardo e, por que não, de suas relações sexuais.

Retrato seguinte, dito Retrato Chandos, executado por volta de 1600 pelo pintor John Taylor: crânio um pouco desguarnecido, sempre barba e bigode, um brinco na orelha esquerda que lhe dá um ar de corsário, um largo colarinho que lhe deixa o pescoço livre. Um homem entre trinta e quarenta anos, saudável e gozando já... de uma reputação lisonjeira, bem como de algum dinheiro. Estava ele só, já nos perguntamos, naquele quarto de aluguel onde escrevia furiosamente uma grande parte da noite? Talvez pudéssemos examinar alguns dos personagens femininos de seu teatro, lembrando, como sublinhamos, que eram interpretados por rapazes. E como devia rir às gargalhadas o público popular, sabendo que debaixo de toucas, perucas e vestidos ocultavam-se atributos viris! Porém, já que a humanidade se divide em dois sexos diferentes, esses personagens femininos devem ter tido modelos... E onde encontramos os modelos, senão ao redor de nós? Em quem nos inspiramos, senão naquelas em cujos braços talvez ficamos, em um passado mais ou menos recente ou, ao contrário, em um presente muito abrasador?

Comecemos pela própria esposa de William: Anne Hathaway. Nada diz que ele teve alguma vez a intenção, até prova em contrário, de divorciar-se dela – divórcio proibido pela religião católica –, nem mesmo de deixá-la. E era a mãe de seus filhos. Já dissemos que Anne era bem mais velha que ele: oito anos, o que é considerável quando se tem dezoito anos, a idade de Shakespeare quando se casou. Pode-se deduzir daí uma certa dominação quase materna. Que tipo de apego o fazia voltar regularmente a Stratford, onde haveria também de terminar seus dias? Era o amor pela cidade natal? Uma necessidade periódica de tranquilidade? Os deveres para com a família e os filhos, que é certo que ele adorava? Ou as exigências de uma mulher dominadora que, apesar das atividades do marido na capital e de seu renome crescente, o traziam de volta irresistivelmente, quando não voluntariamente, às margens do Avon? Talvez ele encontrasse nela agrados e mesmo satisfações físicas das quais se abstinha – por receio de uma das inúmeras doenças venéreas da época? – no meio reputado bastante livre do teatro ou, de maneira mais geral, na vida londrina.

Imaginemo-la por um instante, essa Anne Hathaway. Uma mulher alta e forte, mais alta que o marido, que devia ter pouco menos de 1,70 m de altura, tamanho normal na época. Uma mulher do campo, não muito bela, com traços um pouco masculinos, que não conhecem nem pintura nem cosméticos, como as mulheres da cidade ou como as atrizes, mas que mesmo assim têm um certo garbo ou autoridade, uma autoridade suficiente, lembremos, para ter-se imposto no casamento no lugar de uma outra. Uma mulher que administra sozinha a casa e educa os filhos, enquanto o pai deles está trabalhando em Londres, para onde, de resto, ele nunca lhe propôs que fosse. E, se tivesse proposto, ela provavelmente não teria aceitado, pois a cidade grande mete-lhe medo e ela prefere seus hábitos: Anne Shakespeare mantém a casa em ordem, cultiva o jardim, com suas rosas, suas trepadeiras – e o cercado de couve –, envia os filhos à escola, visita regularmente os velhos pais a algumas milhas de Stratford, mas não participa muito da vida social de sua pequena cidade. Pertencendo à *middle-class*, não é nem uma burguesa rica nem uma proprietária abastada. Vive modestamente, com apenas uma ou duas serventes à sua disposição. Mesmo se os rumores de sucesso do marido chegam a Stratford, e se isso engendra entradas de dinheiro, não há como fazer calar o velho preconceito de que ele não passa de um histrião, bom para divertir os ricos, mas sem ser ele próprio rico, apesar de seus protetores.

A morte de um dos gêmeos, Hamnet, lançará uma sombra de luto nessa existência tranquila. Ela não desuniu o casal, como às vezes acontece. Tampouco entristeceu Anne exageradamente, já que então eram muitas as crianças que morriam prematuramente, muitas vezes antes mesmo de terem nascido. Quanto à sua própria vida sentimental, podemos supor que era bastante singela, sem infidelidade: uma mulher de marinheiro, que espera pacientemente o retorno de seu homem, espreitando, não a vela ao longe, no mar, mas a nuvem de poeira que anuncia a chegada, na estrada, da diligência que o traz de volta de Londres após uma passagem por Oxford. No dia final, tendo sobrevivido a ele, Anne presidirá seus funerais, com todo o respeito e a afeição que sempre lhe manifestou.

Há no teatro de Shakespeare pelo menos um personagem de esposa que talvez se relacione com Anne Hathaway. Examinado, se podemos dizer, sob suas diferentes facetas e ao longo de peripécias movimentadas, é o de Catarina*. Infernal no início, e tão desagradável que seu pai pensa jamais poder casá-la, a megera deixa-se aos poucos cativar por seu marido Petrucchio – domar seria o termo mais exato –, a ponto de pronunciar no final da peça um discurso que satisfaz todo mundo, mas que faria uivar de raiva as feministas de hoje:

> CATARINA
> A mulher irritada é uma fonte turva, enlameada, desagradável de aspecto, ausente de beleza. E enquanto está assim não há ninguém, por mais seco e sedento, que toque os lábios nela, que lhe beba uma gota. O marido é teu senhor, tua vida, teu protetor, teu chefe e soberano. É quem cuida de ti, e, para manter-te, submete seu corpo a trabalho penoso seja em terra ou no mar. Sofrendo a tempestade à noite, de dia o frio, enquanto dormes no teu leito morno, salva e segura, segura e salva. E não exige de ti outro tributo senão amor, beleza, sincera obediência. Pagamento reduzido demais para

---

* Personagem de *A megera domada.* (N.T.)

> tão grande esforço. O mesmo dever que prende o servo ao soberano prende, ao marido, a mulher.*

Se tomamos Catarina ao pé da letra, ela parece exprimir o que o autor entende pelos deveres bem compreendidos de uma esposa. Queria ele dar uma lição a alguém? Se lhe atribuirmos um pouco de malícia, não podemos supor que ele descrevia pela boca do personagem o que não encontrava em casa, nem, de maneira mais geral, entre as mulheres que conhecera?

Na verdade, os conselhos da megera domada são exemplares demais para que se creia inteiramente neles. Nada diz que após sua graciosa fala, sobre a qual não meditou, Catarina não vai voltar a ser o que era. E nada diz tampouco que Shakespeare tenha verdadeiramente servido a causa das mulheres, pelo contrário. A imagem do homem viril, do macho, diríamos hoje, que Petrucchio oferece, devia divertir muito as multidões, sobretudo os homens, capazes desde então de infligir à esposa, logo ao chegar em casa, depois do espetáculo, uma boa surra, merecida ou não.

As mulheres deixam-se submeter tão facilmente como Catarina quando não representam a comédia? Há algumas fortes no teatro shakespeariano, que não se deixam amordaçar facilmente, como Paulina em *Conto de inverno*, como Beatriz em *Muito barulho por nada* e sua queda de braço (em realidade uma disputa amorosa) com o primo Benedick, como as *Alegres matronas de Windsor*, que ridicularizam o pobre Falstaff, velho e libidinoso, e na mesma ocasião seus maridos respectivos.

Com esses retratos, e ainda que se mostre um pouco cruel com Lavínia, cortando-lhe as duas mãos e a língua em *Tito Andrônico*, Shakespeare poderia ser visto como um

---

* Esse hino à docilidade conjugal, precedido de muitas rebeliões e tentativas de emancipação, foi interpretado pela saudosa Suzanne Flon em *La Mégère*, de Audiberti (mais de Audiberti que de Shakespeare, na verdade), encenada por Georges Vitaly, em 1957, com Pierre Brasseur e um jovem estreante chamado Jean-Paul Belmondo. (N.A.)

grande adulador da feminidade. É o que acontece? Seu senso da psicologia feminina parece muito aguçado. Tomemos, por exemplo, a célebre cena entre Gloucester, o futuro Ricardo III, e *Lady* Ana, no diálogo junto ao cadáver do sogro dela, Henrique V:

> LADY ANA
> E tu não combinas com lugar algum que não seja o inferno.
>
> RICARDO
> Tem mais um lugar, sim, se você quiser me ouvir nomeá-lo.
>
> LADY ANA
> Em masmorra ou calabouço?
>
> RICARDO
> Em tua cama.
>
> LADY ANA
> Que a insônia acometa a cama onde te deitares.
>
> RICARDO
> E acometerá, *milady*, até que contigo eu me deite.
>
> LADY ANA
> Que assim seja!
>
> RICARDO
> Eu sei que assim será. Mas, minha doce *Lady* Ana, deixemos de lado este encontro afiado de nossos ágeis raciocínios, e vamos nos deter em um método mais lento.
>
> LADY ANA
> Tu foste a causa e o mais execrado efeito.
>
> RICARDO
> Tua beleza foi a causa desse efeito: a beleza que não me dava paz nos meus sonhos, pedindo que eu levasse a cabo a morte de todo mundo, para que eu pudesse viver uma hora que fosse na doçura de teu peito.

Ela resiste com fúria, injuria-o, arranha-lhe o rosto, depois, aos poucos, deixa-se convencer: é para não perder a vida, ou porque alguma coisa de animal, de fêmea, despertou nela? Seja como for, ela consente. Tudo ou quase tudo na vida passa por esse momento indecifrável ou imprevisível em que as mulheres dizem sim.

Há muitas outras esposas no teatro de Shakespeare. Em um registro bem diferente do de Catarina, a falsa submissa, de *Lady* Ana, a submissa, ou de Beatriz, a insubmissa, examinemos o caso da temível *Lady* Macbeth, aquela que o escritor britânico William Hazzlitt qualificou de mulher forte e má: "*She is a great bad woman, whom we hate, but whom we fear more than we hate*" ("Uma mulher forte e má, que odiamos, mas que tememos ainda mais do que odiamos").

A sra. Macbeth, no gênero pequeno-burguês, diria algo assim: "Pediste enfim aquele aumento a teu patrão?". No sinistro solar de Inverness, essa frase torna-se: "O que este velho tem a mais do que tu? Mata-o e terás a coroa. Aliás, as feiticeiras te predisseram isso."

Macbeth é um espírito fraco e submisso: "É o homem que é a mulher".[11] Mas é também ambicioso; resmunga, porém convoca os assassinos. Mais: se podemos dizer, ordena igualmente assassinar Banquo, que lhe faz sombra, e é só por um azar que o filho deste último, Fleance, lhe escapa.

No entanto, uma vez perpetrado o ato criminoso, e por um efeito de bumerangue, é o remorso que se instala e, mais ainda que para Macbeth, ele é o privilégio de sua mulher. Isso nos vale, na loucura dela, um dos cinco ou seis mais belos monólogos que o Bardo escreveu, com os de *Hamlet*, de *Ricardo II* e a fala da rainha Mab [a rainha das fadas] em *Romeu e Julieta*. Um meio de resgatar esse personagem completamente sombrio.

LADY MACBETH
Ainda resta uma mancha... Sai, mancha maldita, sai! Uma, duas... Vamos, é hora de agir... O inferno é sombrio! Que

vergonha, meu senhor, um soldado ter medo? Ninguém pode pedir contas a um rei. Mas quem teria pensado que o velho tivesse tanto sangue? (...) O conde de Fife tinha uma mulher: onde ela está agora? Mas como! Estas mãos nunca ficarão limpas?... Basta, meu senhor, basta. Estás pondo tudo a perder! (...) Ainda o cheiro de sangue! Todos os perfumes da Arábia não purificariam esta pequena mão...

Macbeth é uma peça, diz-se no meio dos atores, que traz infelicidade ao papel-título.

A culpa, e, portanto, a expiação, são uma constante do teatro shakespeariano:

CLÁUDIO
Oh, meu delito é fétido, fedor que chega ao céu. Pesa sobre ele a maldição mais velha, a maldição primeira – assassinar um irmão! Nem consigo rezar – embora a inclinação e a vontade imensa. Mas se a vontade é grande, minha culpa é maior. Como homem envolvido numa empreitada dúplice, hesito e paro, sem saber por onde começar, e desisto de ambas. (...) Pra que serve a piedade, senão para apagar a face do delito?
Hamlet

Mas há também os dois Ricardo, Shylock e sobretudo o rei Lear. Se há culpa, é porque há uma justiça divina que aprecia nossos atos. É preciso, então, saber quem se encontra lá no alto, no céu. Hamlet ainda: "Há mais coisas no céu e na terra do que sonha tua filosofia, Horácio". Imenso problema metafísico que se coloca a todos os personagens shakespearianos, ou a quase todos.

A resposta está seguramente contida na Bíblia. Traduzida e desembaraçada do latim, é ela que, após as *Injunctions* de 1536 e principalmente o *Settlement** de 1559, consecutivos ao rompimento com Roma, estabelece a nova religião e a conduta moral do súdito britânico.

---

* *Ordens formais* e *Decisão*, respectivamente. (N.T.)

Shakespeare, católico, lia a Bíblia? Por que não? Nos momentos de solidão, quando o dia desponta e os ruídos da cidade se animam, ela é o vade-mécum para a jornada que começa, a oração da manhã, o ato de fé renovado.

E na Bíblia não há somente a lei do talião, motor dramático muito eficaz e seguidamente utilizado, mas também muitos exemplos femininos que chamam à reflexão: Eva, nossa mãe universal, culpada de tudo no jardim do Éden; Sara, a esposa de Abraão, e Agar, a serva vítima; Putifar, que teria alguma relação com Vênus se José fosse seu Adônis. Shakespeare também constatou – e a teria reverenciado se não fosse, repetimos, bom católico – a mão onipotente de Javé em todas as coisas. O que alguns, sobretudo os antigos, tomavam por fatalidade.

A fatalidade não existe em Shakespeare, existencialista *avant la lettre*. Homens e mulheres são responsáveis por seus atos. Quer os assumam ou não, devem suportar seu peso. E o suportarão mesmo se não fizeram o mal, mesmo se procuraram fazer um pouco de bem. Há uma injustiça em viver, simplesmente porque somos obrigados a pagar tanto pelo que cometemos quanto pelo que não fomos capazes de controlar. Tal é a lição da História.

"Ninguém é culpado", berra o rei Lear na charneca. "Eu digo: ninguém. E absolvo todos." Mas ele está louco. Suas filhas o deixaram louco, suas duas filhas ingratas, Regane e Goneril, a primeira sobretudo, que não teme reduzir o pai à miséria despojando-o aos poucos. "Eu vos dei tudo! – Já era tempo!". Pensamos no *Pai Goriot*. Quanto à cena em que Regane fura os olhos do velho Gloucester sob o olhar do público horrorizado, ela constitui uma das obras-primas "góticas" do teatro elisabetano.

Contudo, não há somente mulheres fatais, megeras ou marafonas no teatro de Shakespeare. Como esposa, Calpúrnia é exemplar quando, descrevendo a César um sonho premonitório, tenta fazê-lo evitar um encontro trágico nos Idos de março. E, se Cleópatra é uma rainha que se define sobretudo pelo poder de sedução e pelas ideias políticas, mesmo assim ela é uma grande apaixonada que vai até o fim de seu drama pessoal, suicidando-se, sem para isso precisar refletir tão longamente quanto Hamlet.

Encontramos também, de uma peça a outra, toda uma série de raparigas em flor, que nos lembra a afeição muito profunda, talvez incestuosa, que Shakespeare tinha pela filha Judith; detestando seu genro, ele a privilegia no testamento.

Para voltar ao *O rei Lear*, citemos a terna Cordélia, cuja "voz era sempre doce, amável, grave, coisa excelente em uma mulher". Ela não cometeu outro erro senão o de não querer mostrar a mesma hipocrisia que as irmãs quando estas protestavam por seu amor pelo pai. Banida por Lear, é ela que este reencontra no final do longo caminho que o conduz à demência.

Lear
Onde é que eu estive? Onde é que eu estou? É dia claro? Estou muito confuso. Morreria de pena se visse outra pessoa neste estado. Não sei o que dizer. Não juraria que estas mãos são minhas. Vejamos: sinto a ponta do alfinete. Gostaria de estar certo da minha situação.

Cordélia
Oh, olha para mim, senhor, e levanta tua mão para abençoar-me. Não deves te ajoelhar.

Lear
Por favor, não zombes de mim. Sou um velho idiota com oitenta e tantos anos, nem uma hora a mais nem uma hora a menos e, para ser franco, receio não estar com o juízo perfeito. Acho que deveria conhecer a senhora...

Um pouco mais tarde, porém é tarde demais, ela está morta.

Lear
A peste caia sobre vós, assassinos, traidores todos! Eu podia tê-la salvo; agora ela foi embora para sempre.

Se excetuamos Bianca, em *A megera domada*, que se mostra bastante tola, as outras ingênuas de Shakespeare são cópias de Cordélia, sobretudo Miranda, em *A tempestade*, com seu amor filial por Próspero e sua inocência absoluta. Perdita, em *Conto de inverno*, leva as ovelhas a pastar: é como se tivesse saído de uma pastoral. Aliás, ela sai mesmo, escapando ao caráter excessivo do pai, Leontes. Em troca, Ofélia deixa-se levar pelas doces mentiras de Hamlet, que por certo a fez perder a virgindade, e enlouquece, no sentido próprio do termo, tanto quanto Lear, sobretudo depois do involuntário homicídio de Polônio. Outro suicídio. Desdêmona, contra a opinião geral, desposou um general, mas é um negro, a quem as vitórias militares e os serviços prestados ao Estado conferiram uma espécie de imunidade. Desdêmona morrerá, sufocada por uma almofada, sem ter compreendido bem o que fez para merecer isso. Mais um suicídio, só que dessa vez o do assassino, Otelo.

Pórcia, em *O mercador de Veneza*, também enfrenta o racismo e é com coragem, vindo em auxílio daquele a quem ama, que encara no tribunal o temível Shylock.

E há, enfim, a terna Julieta, que não é tão ingênua quanto parece.

Julieta
Galopem em passo acelerado, corcéis de patas de fogo, em direção ao alojamento de Febo. Um condutor como Faeton os teria açoitado na direção do poente, trazendo de imediato uma noite nublada. Fecha tua cortina espessa, ó noite em que se cumprirá o amor! Olhos diurnos e rudes podem piscar, e Romeu poderá pular nestes meus braços, sem que o vejam e sem que fiquem dele falando. Amantes, para executar seus ritos amorosos, não enxergam mais que suas próprias belezas. E, se o amor é cego, tanto melhor: combina com a noite. – Vem, noite cortês, matrona de roupagem sóbria, toda de negro, e ensina-me a perder nesse jogo de vencedores que se joga por um par de solteirices imaculadas. Cobre, com teu manto escuro, meu sangue, que até hoje privou-se de homens e que chega tímido à minha face; cobre-o até que

esse estranho amor, agora ousado, pense que o verdadeiro amor consumado é simples modéstia.

Ela certamente não fez a melhor escolha ao enamorar-se de um rapaz que é tido por boêmio, que só pensa em divertir-se com os companheiros de orgia e que sai de uma decepção amorosa com uma mulher que era tudo menos o que ele imaginava. Mas esse erro de percurso, o autor o apaga magistralmente fazendo intervir a atração excepcional da paixão à primeira vista, que se produz bastante raramente em suas peças. A maneira como ele descreve as emoções, as esperanças, as expectativas de uma jovem que só aspira a ser mulher é perfeita. A pequena música que ele imaginou na hora matinal, após a primeira noite em que os amantes passam juntos, é puro Mozart.

Julieta
Já te vais? Mas se não está nem perto de amanhecer! Foi o rouxinol, não a cotovia, que penetrou o canal receoso de teu ouvido. Toda noite ele canta lá na romãzeira. Acredita-me, amor, foi o rouxinol.

Romeu
Foi a cotovia, arauto da manhã, e não o rouxinol. Olha, amor, as riscas invejosas que tecem um rendado nas nuvens que se vão partindo lá para os lados do nascente. As velas noturnas consumiram-se, e o dia, bem-disposto, põe-se nas pontas dos pés sobre os cimos nevoentos dos morros. Devo partir e viver, ou fico para morrer.

E se a heroína, mais uma vez, acaba mal – na verdade, poderíamos nos interrogar sobre esse deplorável hábito de Shakespeare, que também se interessa sobretudo pelos soberanos destronados, de fazer morrer prematuramente as jovens –, não é senão por causa do mecanismo ineluctável da tragédia.

Na comédia, ao contrário, encontramos alguns casos particulares que revelam mais, acompanhada de uma fértil imaginação, a sensualidade do autor – sensualidade que era, afinal, a de sua época, acima de tudo amante dos prazeres –, bem como sua aproximação do amor físico.

O melhor exemplo é o da flamejante Rosalinda em *Como gostais* (1599). Uma moça disfarçada em rapaz, ou um rapaz em moça, *as you like it*.

Eis como Jan Kott conta a história em *Shakespeare, nosso contemporâneo*:

> Rosalinda, disfarçada de rapaz, encontra Orlando na floresta das Ardenas. Orlando está apaixonado por Rosalinda e ela por ele. Porém, Orlando não reconhece Rosalinda sob a aparência de Ganimedes. Rosalinda busca seduzi-lo, faz isso brutalmente, mas é a tentativa de sedução de um rapaz, ou melhor, de um rapaz que nessa ligação quer ser uma garota para o seu amante. Rosalinda faz o papel de Ganimedes que, por sua vez, faz o papel de Rosalinda.

E Jan Kott esclarece – o que não é inútil – a respeito desse personagem:

> [Rosalinda] é a mais menina de todas as meninas. Constante-caprichosa, calma-violenta, clara-escura, tímida-ousada, ponderada-louca, terna-sarcástica, infantil-adulta, medrosa-corajosa, pudica-apaixonada (...) ela personifica as nostalgias voltadas a um paraíso perdido, no qual não havia ainda divisão entre elemento masculino e feminino.
>
> ROSALINDA
> Se eu fosse mulher, beijaria todos dentre vocês cuja barba me agradasse, cuja pele me deleitasse e cujo hálito não me repelisse. E estou certa de que todos os que têm a barba bela, o rosto belo e o hálito doce, em troca de minha oferenda amável, aceitarão, quando eu tiver feito a reverência, dirigir-me um cordial adeus.

Assim, entramos no jogo das máscaras e dos disfarces, na ambiguidade mesma, encarnada em cena principalmente em duas outras comédias: *Sonho de uma noite de verão* e *Noite de Reis*.

Teatro do ambíguo

Em janeiro de 1595, Shakespeare é convidado para um casamento. Com sua trupe, naturalmente, a do camareiro-mor, na qual entrou no ano precedente e da qual será, fortalecido pelo sucesso de suas primeiras peças, um dos principais acionistas.

Esse casamento é o do conde de Derby e de Elisabeth Vere, filha do conde de Oxford. Ele tem lugar no Palácio de Greenwich, em presença da rainha e debaixo de neve. Na verdade, é impossível saber se nevava nesse dia: não estávamos lá, mas ainda assim é agradável imaginar, sob uma chuva de flocos, o imponente cortejo de notáveis, os vestidos de cauda, as crianças enfeitadas de flores, o som dos pífaros, dos tamborins e, por que não, da gaita de foles, enquanto os sinos da abadia batem sem parar e a multidão, enregelada, aplaude.

O espetáculo é comprado. O custo de uma representação era fixado segundo a boa vontade do organizador, que em geral se mostrava bastante generoso para que não houvesse discussão áspera entre ele e o líder da trupe. Os atores eram também alojados e alimentados, encontrando aqui e ali algumas outras vantagens, além do festim ritual, junto às servas do castelo ou dos rapazes das granjas dos arredores.

O espetáculo é comprado, mas ainda não está escrito. Shakespeare solta então as rédeas da imaginação e em poucos dias, como Molière mais tarde para o Rei-Sol, escreve a toda velocidade *A princesa de Élida* ou *Os amantes magníficos*. E põe no papel esta maravilhosa fantasia, esta joia literária e teatral, este perfeito casamento entre poesia e humor que é *Sonho de uma noite de verão*.

Considerada um sucesso no momento de sua reprise em público, no Globe Theatre, e em vários outros casamentos nos quais a trupe a apresentou, essa peça mais do que original nem sempre conheceu um nível igual de popularidade. Não se sabe por que motivo, foi desdenhada na época da restauração da monarquia. Em 1662, Samuel Pepys, então secretário do almirantado, julga-a em seu *Diário* "a mais ridícula e a mais insípida que vi em toda a minha vida". Liberdade demais, certamente, muita sutileza e lirismo, demasiadas situações incongruentes.

Felizmente *Sonho de uma noite de verão* encantou, a seguir, vários diretores de teatro, cineastas e compositores, como Mendelssohn ou Benjamin Britten. Ele atraía a música, o que é compreensível: trata-se de uma comédia-balé. Escrito em versos livres, povoado de personagens inéditos e marcantes, em uma orgia de figurinos e de acessórios, ali se vê pura comédia, alternada com passagens dramáticas, danças, canções. Lembremos que era costume, na época, acompanhar o espetáculo, inclusive tragédias, de interlúdios musicais. Ele terminava quase sempre por folguedos dos quais participava o público, e não se sabe o que mais lhe agradava, a intriga ou o divertimento. É o que deve ter ocorrido por ocasião daquelas bodas no meio da *gentry**.

Sonho de uma noite de verão põe em cena – nas primeiras vezes, por causa das intempéries, num local coberto – um improvável duque de Atenas e a rainha das Amazonas, bem como Oberon e Titânia, rei e rainha das fadas, que disputam a guarda de um garoto recolhido por esta última. No cortejo dos dois primeiros, figuram duas jovens em rivalidade amorosa: Hérmia e Helena. No meio dos segundos, um maravilhoso duende, Puck, que passará à posteridade: "Deus! como são loucos esses mortais!" (III, 2), quatro elfos de nome bizarro: Pear Blossom (Flor-de-Ervilha), Cobweb (Teia de Aranha), Moth (Traça) e Mustard Seed (Semente de Mostarda), capazes de se esconder dos olhos do mundo nas bolotas de um carvalho**. Há também personagens do povo: um carpinteiro (Quince), um remenda-foles (Flauta), um caldeireiro (Snout),

---

* Pequena nobreza. (N.T.)

** A propósito de Puck e dos elfos, Shakespeare consegue nos dar a impressão do minimalismo de seus personagens, vistos "em miniatura", o que produz ao inverso um efeito de lupa. Swift utilizará bem mais tarde o mesmo artifício com seu Gulliver. (N.A.)

um alfaiate (Starveling) e sobretudo um tecelão chamado Bottom que, assim como Puck, vai entrar na história do teatro, mas com uma cabeça de asno. Enfim, papéis secundários, Píramo e Tisbe, Wall, Moonshine, Lion, participam dos interlúdios. Como em *A megera domada*, como em *Hamlet,* encontramos uma peça dentro da peça, *Píramo e Tisbe*, que será ensaiada e representada – à maneira de um espelho – nas bodas de Teseu. Uma peça bastante ruim, na verdade, como a inserida em *Hamlet.* No entanto, o cenário é idílico e campestre: bosques, campos de flores, tranquilidade dos jardins, calor de verão, em suma, a natureza no que ela tem de mais agradável e propício aos amores. Uma écloga.

Shakespeare tomou seu tema em diferentes fontes, principalmente Ovídio, cujas *Metamorfoses* parecem ter sido um de seus livros de cabeceira: ele cita o título em *Tito Andrônico*. Píramo e Tisbe vêm dele, assim como Titânia. Quanto a Oberon, é o alemão Alberich dos *Niebelungen* que dá o nome ao protagonista, Oberon, de *Huon de Bordeaux*, que o barão Berners havia recentemente traduzido. Puck era um patrônimo corrente no folclore anglo-escocês. Para equilibrar a balança, Shakespeare chama-o também Robin Goodfellow.

Por que essa peça nos interessa particularmente em um plano, digamos, sentimental? Porque nela tudo é sentimento. Nenhuma psicologia, nem filosofia: em todos os gêneros, fantasia, farsa, melodrama, os acontecimentos encadeiam-se com a lógica brutal de caracteres guiados unicamente pelo instinto e pela sensualidade.

DEMÉTRIO
Despertando à vista daquela que ele ama.
Ah, Helena! Deusa, ninfa, perfeita, divina! A que, meu amor, devo comparar teus olhos? O cristal é turvo. Ah, quão maduros mostram-se teus lábios, essas beijáveis cerejas; quão tentadora essa fruta que é tua boca! Aquele branco puro, congelado, neve das altas montanhas de Taurus, onde sopram os ventos orientais, torna-se escuro como o corvo quando

ergues tua mão. Ah, deixa-me beijar essa brancura imaculada de princesa, esse certificado de êxtase e felicidade!

As duas jovens mulheres, Hérmia e Helena, em todo o furor de seu ciúme, beberam um filtro de amor que Puck lhes serviu com malícia e cuja propriedade é atiçar as paixões e semear a desordem.

Puck
Não tem coisa que mais me apraz na vida que as coisas extraordinariamente acontecidas.

Se é florida a linguagem dos jovens amantes, a de suas amadas, mulheres espertas, é cheia de blasfêmias e maldições, como a da megera ainda não domada:

Helena
Ai, que ódio! Ai, que inferno! Vejo que estão os dois determinados a atacar-me para sua diversão. Fossem educados e soubessem o que é gentileza, e não estariam me insultando dessa maneira. Não basta me detestarem, como eu sei que me detestam, mas precisam também unir-se em espírito para me ridicularizar? Fossem vocês homens, como homens na aparência vocês são, e não estariam abusando assim de uma gentil dama. Isto não se faz: juras, promessas, elogios às minhas virtudes, quando estou certa de que me odeiam de todo coração. Vocês são rivais, os dois apaixonados por Hérmia; e agora são rivais em ridicularizar Helena. Que bela façanha, que iniciativa tão viril, chamar lágrimas aos olhos de uma pobre donzela com o seu escárnio! Ninguém de nobre natureza ofenderia de tal modo a uma virgem, nem atormentaria a paciência de uma pobre alma; e tudo para vocês se divertirem!

Helena, Lisandro, Hérmia, Demétrio: que quarteto voluntariamente desafinado! Imaginaríamos que estão em um ringue, em uma luta de *catch* a quatro, na qual todos os participantes não fazem senão trapacear. No entanto, os golpes verbais são bem reais, as injúrias voam, quando não os pratos. Essa cena de casal termina por uma fuga precipitada das duas mulheres e por uma conclusão cantada por Puck*, uma conclusão filosófica e otimista:

> PUCK
> O João tem a sua Maria,
> E ninguém vai pra enfermaria.
> O homem recupera sua égua,
> e tudo fica bem.

Um grau a mais na sensualidade e no erotismo é transposto com Titânia, a rainha das fadas, que se apaixona por Bottom, o tecelão enfeitado com uma cabeça de asno.

> TITÂNIA
> Vem, senta nesta cama florida, enquanto eu acaricio teu rosto adorável e prendo rosas almiscaradas em tua cabeça lisa e macia e beijo tuas orelhas grandes e formosas, alegria do meu coração.

Cena imortalizada em um quadro célebre pelo pintor Füssli, de Zurique.

> TITÂNIA
> Queres ouvir música, meu doce amado?

> BOTTOM
> Tenho um ouvido razoavelmente bom para música. Vamos ouvir o triângulo e as castanholas.

> TITÂNIA
> Mas dize-me, amor querido, o que desejas comer?

> BOTTOM
> Na verdade, um montão de forragem seca; eu bem que podia mastigar a sua boa aveia seca. A mim me parece que sinto um

---

* A música dessas canções foi incluída na edição recente das *Oeuvres*, de Shakespeare, pela Robert Laffont (Bouquins). Infelizmente, a de Puck não consta. O ator talvez improvisasse. (N.A.)

enorme desejo por um fardo de feno. Ah, um feno bom, um feno docinho... não há o que se compare!

Titânia
Tenho em minha corte um espírito temerário, um que certamente vai procurar a reserva de nozes do esquilo e te trará nozes fresquinhas.

Bottom
Eu preferiria ter um punhado ou dois de ervilhas secas. Mas, rogo-lhe, não permita que ninguém do seu povo venha me perturbar; estou sentindo agora um enorme inclinamento para dormir.

Titânia
Dorme, que eu te aninho nos meus braços.

Shakespeare conclui essa cena muito pudicamente pela menção: "*They sleep*", mas podemos supor que antes de dormir eles se entregam a alguns jogos pouco inocentes. E Puck resumirá esse flagrante episódio de zoofilia em uma única frase: "Minha patroa está apaixonada por um monstro". O que Titânia confirma ao despertar do sonho: "Que visões eu tive, meu Oberon! Acreditei estar apaixonada por um asno!".

Twelfth Night é ainda mais complicada. Uma palavra sobre o título, em primeiro lugar, que na França foi traduzido de diferentes maneiras e, na maioria das vezes, sobretudo desde a versão de Copeau, por *La Nuit des Rois*. Segundo François-Victor Hugo, *Le Soir des Rois*. Ou ainda, literalmente, *La Douzième Nuit*. Ele parece ter sido escolhido um pouco ao acaso e às pressas, pois a peça foi criada e representada diante da rainha, em Whitehall, em 6 de janeiro de 1600, dia da Epifania, isto é, doze dias após o Natal. O subtítulo *Or what you will*, "Ou o que quiserdes", ou ainda, "O que vos agradar", mostra que o autor não se preocupou muito em controlar a denominação, que talvez lhe tenha sido soprada por um terceiro.

Dessa vez, temos no *Folio* de 1623 – não houve publicação em in-quarto antes – uma transcrição mais ou menos exata da peça, certamente revista e corrigida pelo próprio Shakespeare: uma exceção. Temos, sobretudo, uma resenha de sua primeira representação, graças às cartas dirigidas à sua mulher por um príncipe italiano, Virginio Orsino, duque de Bracciano, cartas recuperadas e comentadas em 1954 por um erudito, Leslie Hotson.

Não se tratava, então, de um casamento, mas sim de uma grande recepção seguida de baile, na qual o italiano menciona ter assistido a uma comédia com música e dança. O espetáculo realizou-se na corte, e a trupe do camareiro-mor fora convidada a se apresentar. A peça será encomendada ao autor titular: William Shakespeare.

Noite de Reis, mais ou menos inspirada em Plauto, como *A comédia dos erros*, é extremamente perturbadora. Vejamos por quê.

A história é a de um irmão e uma irmã gêmeos, Viola e Sebastião, que foram separados. Viola é levada a representar o papel dos *intergoers*, dos intermediários, para o homem que ela ama, o duque Orsino, junto a uma outra mulher, a condessa Olívia. Enquanto vários outros personagens, Malvólio, mordomo de Olívia, *Sir* Tobie, *Sir* André Aguecheek, Feste, o bufão, fazem o contraponto cômico da peça, Viola é obrigada a se disfarçar de rapaz. Eis aí o paradoxo, não desprovido de uma conotação equívoca, dessa comédia: Viola, interpretada como de costume por um rapaz, se faz passar, justamente, por um rapaz. A confusão, assim, é total!*

Logo de entrada, Orsino, o duque, dá o tom, como músico: uma orquestra toca.

---

* É mais ou menos o tema retomado no filme *Shakespeare in love*, já citado: Viola, amada por Shakespeare, disfarça-se de Romeu para introduzir-se em sua trupe, o que cria nos bastidores, e nas cenas de amor, algumas situações ambíguas. É a rainha em pessoa que vem restabelecer a ordem e ela é quem dá a palavra final: "Sei o que é uma mulher no papel de homem: sei muito bem". (N.A.)

ORSINO
Se a música é o alimento do amor, não parem de tocar. Deem-me música em excesso; tanta que, depois de saciar, mate de náusea o apetite. Aquela toada de novo, com uma cadência que vai morrendo no final – ah, ela chegou aos meus ouvidos como o suave som que respira sobre um monte de violetas, roubando e devolvendo aromas. Basta, já chega! Não é mais tão suave como era antes.

Orsino está apaixonado pela condessa Olívia, que chora, como Viola, a perda de um irmão. Viola, o "bom menino", põe-se a serviço do duque sob o pseudônimo de Cesário e é encarregada de levar uma mensagem de amor a Olívia: "Revela-lhe meu amor apaixonado. Surpreende-a com o relato de minha afeição por ela".

Mas – e toda comédia repousa sobre um "mas" – Orsino não é insensível ao encanto de sua interlocutora que, para ele, é um interlocutor:

ORSINO, *a Viola-Cesário*
Meu caro rapaz, acredite-me. Quem diz que tu já és um homem precisa dissimular e ocultar a tua pouca idade, essa tua afortunada juventude. Os lábios de Diana não são mais lisos e vermelhos. Teu pomo de adão é mínimo, como o de uma donzela; tua voz clara e constante*, em tudo imita atributos femininos.

Ele a desmascarou? De modo nenhum! Apesar de suas penas de amor, Orsino faz esse elogio ao que acredita ser um rapaz. Viola, que tem os olhos postos no duque, não pode revelar sua identidade. Como fazê-lo compreender que ela é mulher?

VIOLA
Mas que tarefa essa, que já nasce cheia de impedimentos. Não interessa a quem eu corteje, eu queria era eu mesma ser a esposa dele.

---

* Viola confiou ao capitão do barco que a transportava que, para chegar a seus fins, ela se faria passar por um eunuco... (N.A.)

E o imbróglio começa.

A situação complica-se ainda mais, sem contar que a ação se passa na Ilíria, "país do delírio amoroso", segundo Jan Kott, país onde se padece da *very midsummer madness*, a loucura do pleno verão, a que aquece os espíritos como no filme quase epônimo de Woody Allen (*A Midsummer Night's Sex Comedy**, 1982), e a situação atinge o absurdo completo quando Olívia, inocente, apaixona-se não por Orsino, mas por Viola disfarçada de rapaz.

> Olívia
> Um demônio como tu poderia carregar minha alma para o inferno.

Adivinhou Olívia a moça que se ocultava sob a aparência do pajem? Nada ou quase nada sabemos dos costumes sáficos no tempo de Shakespeare. Mas lembremos novamente – com o disfarce do traje, era possível enganar-se – que se tratava de dois atores, e não de duas atrizes. Para completar a confusão, no registro masculino desta vez, Sebastião, o irmão gêmeo de Viola, reaparece após ter sofrido o assédio do capitão do navio, Antônio, que o trouxe de volta ao porto e que, abertamente bissexual, como diríamos hoje, vai diretamente ao ponto: "É o meu desejo, mais afiado que a lâmina do aço, que me excitou por você", ele lança a seu jovem passageiro. E, quando Antônio encontra Viola vestida de pajem, ele a toma naturalmente pelo irmão. Assim como Olívia quando encontra Sebastião!

Felizmente, a semelhança de Viola e de Sebastião, embora usando o mesmo traje, e a revelação de seu parentesco, no final, vão trazer as coisas de volta a seus lugares e pôr em ordem as inclinações um pouco confusas de Olívia:

> Olívia, *a Viola*
> Peço-te que digas a ele o que pensas de mim.

---

* No Brasil, *Sonhos eróticos numa noite de verão*. (N.T.)

Viola
Que a senhora pensa que não é o que é.

Depois de todas essas peripécias, o final é bastante moral. Os gêmeos se reconhecem, enquanto o que os outros reconhecem são seus enganos, em particular os de Malvólio, o mordomo completamente "pirado" a quem Aguecheek e *Sir* Tobie fizeram crer que sua patroa estava apaixonada por ele. Tudo termina com um casamento e uma canção, a de Feste, o bufão:

> Quando menino, um quase nada, pequeno,
> Era "Ei, você, olá!", e o vento ventava, e a chuva chovia.
> Ser criança é ser coisinha de brinquedo,
> E a chuva caía, e caindo pingava, e era isso todo dia.
>
> Quando eu cresci e virei adulto também,
> Era "Ei, você, olá!", e o vento ventava, e a chuva chovia.
> Não se dá bem com ladrão o homem de bem,
> E a chuva caía, e caindo pingava, e era isso todo dia.
>
> Quando chegou o dia de eu me casar,
> Era "Ei, você, olá!", e o vento ventava, e a chuva chovia.
> Fanfarrão não tinha como prosperar,
> E a chuva caía, e caindo pingava, e era isso todo dia.
>
> Quando chegou a hora de ser um ancião,
> Era "Ei, você, olá!", e o vento ventava, e a chuva chovia.
> Muitos deles não passam de um beberrão,
> E a chuva caía, e caindo pingava, e era isso todo dia.
>
> Muito tempo atrás o mundo começou,
> Era "Ei, você, olá!", e o vento ventava, e a chuva chovia.
> Mas isso é o de menos. A peça acabou!
> E vamos tentar, cada vez mais, agradar a cada dia.*

---

* Esta canção famosa, que é retomada pelo Louco em *Rei Lear*, foi musicada, no século XVIII, por Joseph Vernon e, no século XIX, por William Chappel. (N.A.)

Imaginamos o público, encantado e excitado por tudo o que acaba de ver, retomando em coro, como em nossos shows contemporâneos, os *he! ho!* do bufão. Era natural que todos tivessem, a seguir, vontade de dançar, de se abraçar, ou simplesmente de beber cerveja. É provável que os espectadores do Globe Theatre não se privassem disso, como tampouco os convidados do casamento em Greenwich. O teatro era então o que devia ter permanecido sempre: uma festa.

Nossa época, de acordo com Elisabeth Badinter, principalmente em *L'un et l'autre*, não se surpreende mais com essa confusão dos sexos. Sem chegarem até a homossexualidade pura, homens e mulheres de hoje adotam com muita frequência itinerários complexos. Depois das ligações adolescentes entre companheiros e companheiras do mesmo sexo, alguns e algumas entram na norma e tornam-se esposos e esposas, pais e mães de família perfeitamente aceitáveis. Sucede também, com o passar dos anos e talvez por um fenômeno de desgaste, que homens e mulheres tenham a revelação de suas tendências reais e lhes deem livre curso, se as esconderam até então.

Há igualmente o caso dos que atuam nos dois palcos, e de vez em quando nos surpreendemos de saber, em geral pela crônica policial, que determinado indivíduo muito respeitável, pai de família e marido exemplar, entrega-se a práticas homossexuais ou mesmo pedófilas. Na maioria das vezes, o mal-estar de nossos contemporâneos vem do fato de que não souberam se decidir ou confessar a si mesmos sua verdade, seja porque temem o opróbrio, seja porque nunca ousaram mergulhar nas regiões profundas do inconsciente no qual se dissimula sua verdadeira natureza.

Ora, o mito do andrógino – no fundo, é disso que se trata – está inscrito na Bíblia, como revelou muito bem o polonês Jan Kott em seu livro já citado, *Shakespeare, nosso contemporâneo*, que traz ideias muito avançadas sobre a sexualidade e, antes mesmo de nossa época, muito clarividentes.

"O mito do andrógino", escreve Jan Kott, "é a evocação da imagem do paraíso perdido no qual reinavam, intercambiáveis, Harmonia ou Caos, pois Harmonia e Caos são apenas nomes diferentes para um mesmo estado em que coexistem todas as contradições enfim reconciliadas". E ele acrescenta: "O ser humano foi criado à imagem e à semelhança de Deus, mas nem o homem nem a mulher foram criados à imagem e à semelhança de Deus, apenas o andrógino. Foi do andrógino que se originou a espécie humana".

Necessitando de apoio para essa afirmação bastante ousada, Jan Kott invoca o testemunho não apenas de Platão, um clássico, mas também de Mircea Eliade ("Le mythe de l'androgyne" em *Méphistophélès et l'Androgyne*), bem como de Roger Caillois (*L'Homme et le sacré*). Cita igualmente o Aretino (em seu *Diálogo das cortesãs*, as alcoviteiras recomendavam às jovens que se disfarçassem de rapazes), o culto de Dionísio, que a Antiguidade representa sob os traços de um jovem efeminado (Ovídio e Sêneca atribuíam-lhe, por sua vez, um "rosto de virgem"). Kott chega a convocar Jean Genet, mestre incontestável em disfarces, como mostrou em *Les Nègres* (inversão de raças) e em *Les Bonnes* (inversão das condições sociais).

E Jan Kott acrescenta esta observação que esclarece o que estamos dizendo: "O teatro é a imagem de todas as relações humanas porque a falsidade constitui seu princípio".

Por certo, ao que se saiba pelo menos, Shakespeare nunca foi pego em flagrante delito num quarto de hotel com um rapaz. O que, talvez, não tivesse surpreendido muita gente: embora puritana, a Inglaterra estava longe do que viria a ser mais tarde, sob a rainha Vitória. Podemos nos interrogar ainda assim, sem carregar demais na promiscuidade unicamente masculina dos atores da época, sobre a propensão que tinha o Bardo de misturar alegremente os sexos ou de travestir seus personagens: Rosalinda, Viola, Pórcia, enfim, que em *O mercador de Veneza* faz isso por uma "boa causa", para defender os direitos civis contra a incivilidade e a falta de coração de Shylock. Eis aí uma boa introdução que nos permite abordar agora um dos pontos altos da obra, que nos esclarecerá talvez sobre a vida íntima do autor e suas verdades ocultas.

São os *Sonetos*.

Sonetos no ponto culminante

Os *Sonetos*, em número de 154, têm a particularidade de se distribuírem no tempo, em vez de se concentrarem em um único período, como cada uma das peças, excetuadas as reprises. O que permite vê-los como uma espécie de *curriculum vitae* de Shakespeare. Em todo o caso, é a obra em que ele exprimiu mais livremente, embora de maneira muito labiríntica, seu ego, sua natureza profunda e seu talento inato, fundamental, de poeta.

Publicados em 1609 por Thomas Thorpe, diz-se que sua edição in-quarto não recebeu o consentimento do autor. No entanto algumas peças já circulavam desde 1598. Francis Meres assinala a existência delas em seu *Palladis Tamia*, qualificando-as de "*sugared sonnets*" ("sonetos açucarados"), somente conhecidos dos "amigos íntimos" do poeta. Açucarados ou salgados? É o que vamos ver.

No plano literário, os *Sonetos* nada contêm de extremamente novo. Na época, era uma forma de expressão corrente, pela qual os autores tendiam sobretudo a tratar de assuntos eróticos ou pelo menos amorosos. Depois de viagens à França e à Itália, Thomas Wyatt (1503-1542), poeta da corte, contemporâneo do francês Clement Marot (1495-1544), introduzira na Inglaterra o soneto petrarquizante: *Tottel's Miscellany* (1557). Henry Howard, conde de Surrey (1517-1547), acrescenta-lhe o decassílabo sem rima, o que Shakespeare utiliza para o seu teatro. Enfim, o soneto inglês conhece seu período mais fecundo após a publicação de *Astrophel e Stella*, de *Sir* Philip Sidney (1554-1586), inspirado na paixão tumultuosa do poeta por uma certa Penélope. Era ela tão atraente quanto a Laura de Petrarca, essa jovem entrevista uma vez na missa, na igreja de Santa Clara de Avignon, e a quem ele nunca dirigiu a palavra, a não ser em versos?

Com exceção de Ben Johnson, os britânicos não tiveram um François Villon ou um Charles de Orléans que mofaram na prisão. A expressão poética era reservada à aristocracia? Seja como for, a partir de Sidney os poetas ocupam um lugar preponderante: George Gascoigne publica um *Tratado sobre a arte de compor versos* (1575); Thomas Lodge, *Rosalynde* (1590), nome que reaparecerá em Shakespeare; Spenser, os célebres *A rainha das fadas* (1590) e *Amoretti* (1595); Henry Constable escreve *Diana* (1592); enfim, Michael Drayton publica *Poemas líricos e pastorais* (1606).

No plano da forma, sabe-se que o soneto francês, assim como o de Petrarca, compõe-se de dois quartetos e dois tercetos com rimas alternadas. Na Inglaterra, com Wyatt, opera-se uma verdadeira mudança: três quartetos com rimas cruzadas seguidos de um dístico contendo a conclusão. A sucessão das rimas é: abba-cdcd-efef-gg. Não há *enjambements* de um verso a outro, de um quarteto ou de um terceto a outro, esses *enjambements* com os quais se regalaram alguns poetas franceses: Derème, Toulet, Verlaine.

Mas sabe-se também que a poesia anglo-saxônica é essencialmente baseada no ritmo, a partir velha receita dáctilo-espondeu* originada dos latinos. Ritmo não adotado na França, porque os vocábulos do francês não são ou são muito pouco acentuados.

No soneto elisabetano, há cinco acentuações por verso. Podia-se bater o compasso com o pé, ou com a mão, pois é realmente de música que se trata:

Thine eyes that taught the dumb on high to sing**

Sublinhemos, de passagem, as dificuldades de tradução que isso apresenta. De resto, alguns sonetos, além do vocabulário ou das formas sintáticas *out of date*, são considerados intraduzíveis. Pois, se é possível tomar liberdades com os versos livres das tragédias e comédias, que podem ser transcritos sem grande prejuízo em boa prosa, como o fizeram em francês

---

* Versos de uma sílaba longa seguida de duas breves (dáctilo) ou de duas sílabas longas (espondeu). (N.T.)

** "Teus olhos que o mudo ensinaram alto a cantar." (N.T.)

François-Victor Hugo e outros, a poesia requer uma expressão pela poesia. E reconheçamos que o verso alexandrino clássico ou o octossílabo franceses são formas bastante rígidas para a música que brota naturalmente da poesia inglesa.

Quanto à rima, o maior dos dicionários Robert, o mais enciclopédico dos Larousse e o próprio Littré não poderiam rivalizar com a invenção, a habilidade, a delicadeza dos achados ingleses. Portanto, seria preciso um duplo de poeta e erudito para restituir da melhor maneira o original. Prestemos aqui homenagem a alguns autores franceses que se saíram bastante bem nessa tarefa: Yves Bonnefoy, Pierre-Jean Jouve, embora numa prosa um tanto medieval, e Philippe de Rothschild, que consagrou ao nobre ofício de tradutor – ele traduziu também outros poetas elisabetanos, alguns completamente desconhecidos, e o moderno Christopher Fry (*Cette dame n'est pas pour le bûcher*, 1949) – uma grande parte de sua vida Girondina, entre seus vinhedos.

Há nos *Sonetos* de Shakespeare dois elementos muito particulares que devemos levar absolutamente em conta: a cronologia, de 1598 a 1609 ou 1610, e a inspiração. Entre inúmeros outros comentadores, alguns dos quais chegam a dedicar um livro inteiro a um único soneto, dissecado até a menor sílaba, Jean-Paul Hulin escreve com muita justeza em seu prefácio aos *Sonnets*, de William Shakespeare, traduzidos por François-Victor Hugo:

> Os *Sonetos* não formam um todo, não refletem uma experiência simples, um momento único da sensibilidade do poeta, mas antes uma evolução paralela à que se delineia através de sua produção dramática. A serenidade, a sensibilidade simples e sem problemas das primeiras obras dá lugar, progressivamente, à amargura, a uma análise lúcida da condição humana. O lirismo melodioso e tranquilo da tradição amorosa cede o passo a uma poesia introspectiva, inquieta e pessimista, geralmente mais dramática e satírica do que lírica. Essa evolução não traduz apenas uma atitude pessoal: ela corresponde aos desenvolvimentos da sensibilidade contemporânea que, após

a serenidade e o otimismo do grande reinado [de Elizabeth], encaminha-se para o humor sombrio e trágico do período jacobita. Ao escolher, para traduzir essa crise de consciência, o modelo convencional do soneto, Shakespeare arrancava este último de sua tradicional vocação erótica. Conferia a ele uma vitalidade e dimensões novas.

Não são eróticos os sonetos de Shakespeare? É discutível. Ou melhor, nem se discute mais: há muito é aceito que eles o são; aliás, é o que fez sua celebridade e o que lhes confere interesse ainda hoje. Pode-se julgar com provas de apoio e ler entre as linhas, mas nem é muito necessário, já que o poeta avança sem máscara e até mesmo, isso é flagrante, sem nenhum pudor, a não ser o que cobre as palavras com um discreto véu.

De que se trata? Uma longa primeira parte tem por objeto um jovem, inicialmente para incitá-lo a casar-se; depois, como veremos, dirige-se a ele de maneira mais do que explícita. A última põe em cena uma misteriosa dama sombria, *The dark lady*, que falseia um pouco o jogo, o próprio autor sendo o terceiro personagem, o poeta, aparentemente mais idoso, que aconselha, exorta, queixa-se, ama, tem ciúme e, para terminar, fica cheio de amargura. Estamos, nem mais nem menos, em presença de um trio, o "*ménage à trois*", o homem, o rapaz e a mulher, que já encontramos na tão ambígua *Noite de Reis*, em que, segundo Jan Kott, "três seres esgotam todas as formas do amor".

No começo, portanto, conselhos de boa família, do poeta ao rapaz: "Casa-te, engendra uma progenitura". Entre parênteses: "Lega tua beleza a uma criança nascida de ti". Examinando mais de perto, trata-se de uma insistente declaração de amor que não escapou sequer aos contemporâneos de Shakespeare, pois, no momento da segunda edição, em 1640, a de John Benson, vários sonetos são riscados ou mesmo censurados, passando de 154 a 146, o editor não hesitando em substituir pronomes e adjetivos masculinos por femininos a fim de dar a entender que eles se dirigem a uma mulher.

Apesar dessa tentativa de desvio, o tempo ocupou-se do fundo, que se tornou um tema de estudo, de muitos estudos, não apenas sobre as tendências profundas, mas também sobre a sexualidade britânica na época do Renascimento. Citaremos, em particular – os títulos falam por si mesmos –, *Homosexual Desire in Shakespeare's England*, de B. Smith; *Between Men: English Literature and Male Homosocial Desire*, de E.K. Sedgwick[12]; *Love between Men in English Literature*, de Paul Hamond[13].

Contudo, o mais destacado de todos esses autores é, ninguém se surpreenderá, Oscar Wilde, que viu no tema dos *Sonetos* uma semelhança com sua própria situação: seu amor de juventude por Robert Ross e o da idade madura pelo jovem Douglas, que o levou, após um processo de grande repercussão, ao cárcere de Reading, ao exílio e, por fim, à decadência em um hotel parisiense onde viveu seus últimos dias.

Após ter dado vida a uma atriz shakespeariana em *O retrato de Dorian Gray*, após um breve ensaio sobre as roupas de cena no teatro de Shakespeare (usadas por rapazes), Wilde publicou em 1889, com o desejo evidente de chocar, um livro pouco conhecido, uma ficção disfarçada: *O retrato de Mr. W.H.*, no qual afirma que W.H., um jovem ator da trupe, a quem são dedicados os *Sonetos*, é o amante de seu autor, casado e pai de dois filhos.

Era escancarar portas até então apenas entreabertas, e a similitude com Shakespeare não poderia ser mais evidente. Vejamos as provas e releiamos, em primeiro lugar, um dos sonetos que não existiam na edição de 1640 e no qual se fala justamente de mulher, mas não no sentido em que o desejava Benson.

XX

Um rosto de mulher que a mão da Natureza pintou,
Assim é o teu, dono-dona de minha paixão.
Um gentil coração de mulher, mas desprovido

Do que é inconstante e costuma ser falso nelas.
Um olhar mais brilhante possuis, mas sem os falsos
Volteios que adulam todo objeto onde pousam.
Homem no aspecto, e todos eles dominando,
cativas os olhos dos homens e a alma das mulheres,
Pois para ser mulher foste primeiro criado;
Mas a Natureza te modelou com carinho,
E te dotou de um aditivo que me derrota,
Uma coisa que não serve a meu propósito.
E já que tens um membro para o prazer das mulheres,
Que teu amor seja meu e seu uso o tesouro delas.*

Se isso não é uma declaração de amor, é muito bem imitado! Notemos um detalhe de tradução, que mostra como um texto é facilmente edulcorado por decoro ou simples hipocrisia literária. O primeiro verso do dístico final diz:

But since she prick'd thee out for women's pleasure.

François-Victor Hugo verteu para o francês: "*Puisqu'elle t'a fait pour le plaisir des femmes*" [Já que ela te fez para o prazer das mulheres], sem se aventurar muito. Robert Ellrodt: "*Mais par elle equipé...*" [Mas por ela equipado...] sempre para o prazer das mulheres. Pierre-Jean Jouve, em uma tradução não obstante meritória: "*Puisqu'elle t'a designé...*" [Já que ela te designou...]. É querer ignorar que *prick* significa simplesmente pênis, o que torna, sem ser claramente grosseira, essa declaração muito mais precisa.

Querem outro exemplo?

---

*A woman's face with Nature's own hand painted / Hast thou, the master-mistress of my passion; / A woman's gentle heart, but not acquainted / With shifting change, as is false women's fashion; // An eye more bright than theirs, less false in rolling, / Gilding the object whereupon in gazeth; / A man in hue, all 'hues' in his controlling, / Which steals men's eyes and women's souls amazeth. // And for a woman were thou first created; / Till Nature, as she wrought thee, fell a-doting, / And by addition me of thee defeated, / By adding one thing to my purpose nothing. // But since she prick'd thee out for women's pleasure, / Mine be thy love, and thy love's use their treasure. (N.E.)

LIII

Qual é tua substância, de que és feito,
Para atrair aos milhões sombras estrangeiras?
Se cada um tem sua sombra única,
Somente a tua é partilhada entre todos.
Pintem Adônis, e sua conformação
Não é mais que uma pobre imitação da tua;
Se a arte da beleza está no rosto de Helena,
Gregos atavios se renovam em ti.
Falem de primavera e da abundância do ano:
Uma revela somente a sombra de tua beleza,
A outra se assemelha à tua generosidade;
Estás em toda forma abençoada que conhecemos.
Em toda graça externa tens uma parte,
Mas nenhuma se compara ao teu coração constante.*

Mais um?

CXLII

O amor é meu pecado e tua virtude o detesta,
Detesta o que nasceu de um amor culpado:
Mas se comparasses teu estado ao meu,
Verias que ele não merece ser censurado;
Ou, se merece, não é de teus lábios
Que profanaram seu ornamento escarlate
E selaram em mim falsos contratos de amor,
Roubando de outros o que lhes cabia no leito.
Dá-me o direito de amar-te como amas aqueles
Que teus olhos cortejam como os meus te importunam:
Põe em teu coração a piedade que, ao crescer,

---

* What is your substance, whereof are you made, / That millions of strange shadows on you tend? / Since every one hath, every one, one shade, / And you, but one, can every shadow lend. // Describe Adonis, and the counterfeit / Is poorly imitated after you; / On Helen's cheek all art of beauty set, / And you in Grecian tires are painted new. // Speak of the spring and foison of the year, / The one doth shadow of your beauty show, / The other as your bounty doth appear; / And your in every blessed shape we know. // In all external grace you have some part, / But you like none, none you, for constant heart. (N.E.)

Talvez te leve a merecer piedade também.
Buscando obter o que não confessas,
Possas por teu exemplo ser negado!*

Em algumas estrofes, passamos assim do despertar do amor e de sua declaração ao ciúme, e depois à acusação e ao ressentimento, como normalmente esses casos evoluem. Perturbados, nesse momento da leitura, reportamo-nos instintivamente à dedicatória que inspirou o título e a argumentação de Wilde.

>TO.THE.ONLIE.BEGETTER.OF.
>THESE.INSVING.SONNETS.
>MR. W.H. ALLHAPPINESSE.
>AND.THAT.ETERNITIE.
>PROMISED.
>BY.
>OVR.EVER.LIVING.POET.
>WISHET.
>THE.WELL-WISHING.
>ADVENTURER.IN.
>SETTING.
>FORTH.
>T.T.**

T. representa Thorne, sem dúvida nenhuma, pois é pouco provável que o próprio Shakespeare se arrogasse a qualidade de poeta eterno.

---

* Love is my sin, and thy dear virtue hate, / Hate of my sin, grounded on sinful loving: / O, but with mine compare thou thine own state, / And thou shalt find it merits not reproving; // Or, if it do, not from those lips of thine, / That have profaned their scarlet ornaments / And seal'd false bonds of love as oft as mine, / Robb'd others' beds' revenues of their rents. // Be it lawful I love thee, as thou lovest those / Whom thine eyes woo as mine importune thee: / Root pity in thy heart, that, when it grows, / Thy pity may deserve to pitied be. // If thou dost seek to have what thou dost hide, / By self-example mayst thou be denied! (N.E.)

** Ao único inspirador destes / sonetos nascentes / Mr. W.H. Toda a felicidade / E aquela eternidade / Prometida / Por / Nosso poeta eterno / Deseja / O bem-intencionado / Aventureiro / Ao lançar / esta edição. / T.T. (N.T.)

E aí todas as hipóteses se defrontam, uma vez, evidentemente, desde a publicação dos *Sonetos,* acompanhados dessa dedicatória, passou a ser um jogo, quase uma investigação policial, tentar descobrir quem era o jovem, o jovem efebo, o *fair man*, o eventual amante a quem se endereçavam esses versos inflamados. Reteremos apenas dois, que parecem ser os mais prováveis.

O *fair man* poderia ser o belo e louro – dupla acepção de *fair* – William Herbert, conde de Pembroke. Ele gostava muito de frequentar os atores. É a ele que Heminges e Condell dedicaram o *Folio* das obras teatrais em 1623. Levantou-se a hipótese de que Mary Herbert, sua mãe, irmã de *Sir* Sidney e conselheira dos poetas, pediu a Shakespeare para incitá-lo em versos, o que ele fazia de melhor, a casar e a ter filhos. Ora, Pembroke, com dezessete anos na época, em 1580, que se tornaria conde em 1601, à morte do pai, não tinha pressa nem de ser pai nem de ser esposo. Sua atitude bastante equívoca no momento da subida ao trono de Jaime I, este último tendo a fama de amar belos rapazes – mesmo assim teve sete filhos –, explica talvez essa reticência.

O segundo candidato, se podemos dizer, não é outro senão o protetor de sempre, o conde de Southampton, Henry Wriothesley. Em sua dedicatória, Shakespeare teria simplesmente invertido as iniciais para ocultar a identidade do beneficiário, que tivera problemas com a rainha por conta da conspiração de Essex e estava na prisão. É a Southampton, convém lembrar, que Shakespeare dedicou suas primeiras obras poéticas: *Vênus e Adônis* e *A violação de Lucrécia*, mas em termos muito corteses, que buscavam antes de tudo garantir os favores do mecenas*. Com o passar dos anos, porém, o jovem Southampton crescera. Estava então envolvido com ocupações distantes, de guerra e de colonização, que o afastavam de Elizabeth, com quem as relações não eram muito cordiais. Shakespeare, por sua vez, envelhecia. Não parece razoável?

---

* Lembremos que o mecenato é ao mesmo tempo uma tradição e uma necessidade na Grã-Bretanha. (N.A.)

Quanto à dama sombria, *The dark lady*, que gostaríamos de traduzir por "a dama em *noir*", ela aparece no fim da coletânea, e tudo leva a crer que tomou o lugar do poeta no coração do jovem, ou ao menos impediu a concretização de seu amor platônico.

CXLIV

> Há um duplo amor de conforto e desespero
> Que me atrai sempre como um duplo espírito:
> O anjo bom é um homem louro e belo,
> O outro, uma mulher da cor do mal.
> Para lançar-me no inferno, minha malvada fêmea
> Busca roubar-me o anjo bom,
> E tentando sua pureza com o orgulho infame
> Quer corromper meu santo e fazer dele um demônio.
> Meu anjo transformou-se em diabo?
> Posso suspeitar, sem poder afirmá-lo;
> Mas sendo meus os dois e os dois amigos entre si,
> É no inferno que acredito ver meu anjo:
> Isto eu nunca vou saber e viverei na dúvida
> Enquanto o anjo mau vencer o bom.*

Quem era a *dark lady*? É um dos mistérios menos elucidados da literatura, e sua identidade real perdeu-se na noite dos tempos. Foi evocada uma dama de companhia da rainha, Mary Fitton, uma noiva abandonada de William Herbert, uma poetisa, Emilia Lanier, a primeira de inspiração feminista, portanto uma rival em tudo. A essa dama sombria foram consagrados volumes inteiros, por exemplo, o de E.L. Rowse, *The Poems of Shakespeare's Dark Lady* (1978), ou,

---

* Two loves I have of comfort and despair, / Which like two spirits do suggest me still: / The better angel is a man right fair, / The worser spirit a woman colour'd ill. // To win me soon to hell, my female evil / Tempteth my better angel from my side, / And would corrupt my saint to be a devil, / Wooing his purity with her foul pride. // And wether that my angel be turn'd fiend / Suspect I may, yet not directly tell; / But being both from me, both to each friend, / I guess one angel in another's hell: // Yet this shall I ne'er know, but live in doubt, / Till my bad angel fire my good one out. (N.E.)

recentemente editados por Brian Paine (2003), *Shakespeare's Dark Secrets Revealed*, de Arthur Marlowe*, este último não tendo nenhuma ligação com o dramaturgo.

Pesquisas vãs. E seria ridículo pensar que Anne Hathaway Shakespeare, que não devia ler uma linha de poesia, estivesse envolvida no caso. *Sky, my wife!* não é do repertório de Shakespeare. Mas, enfim, há tantas hipóteses, e sobre todo tipo de questões, que uma a mais ou a menos...

"Escreveram-se mais tolices a propósito dos sonetos que sobre qualquer outro assunto relacionado a Shakespeare." A observação é de E.K. Chambers em *William Shakespeare: A Study of Facts and Problems.*[14] Porém, essa observação talvez seja só uma tolice a mais.

---

* Arthur Marlowe, geólogo de formação, mas igualmente historiador, dedicou sua vida a buscas e pesquisas para identificar a *dark lady* dos *Sonetos*. Ele está convencido de que uma parte do mistério que a cerca, para ele uma dama de honra da rainha, e mais genericamente a Shakespeare, deve-se a um ocultamento motivado pelo temor do escândalo. (N.A.)

Cor da pele

Na última parte dos *Sonetos*, em que se exprimem com evidência a decepção amorosa e um ciúme quase mórbido, agravado pelo peso da idade e pelo confronto de uma rivalidade, parece que o humor de Shakespeare, afetado também pela morte do filho Hamnet, atinge seu ponto negro. É a razão pela qual ele vai pôr em cena, pouco tempo depois, precisamente um Negro e escolher por tema o ciúme, do qual está padecendo? O fato é que, ao fazer o estudo de um drama íntimo, no ambiente suntuoso da Veneza dos doges e no exotismo da ilha de Chipre, ele se aventura em uma questão inteiramente nova em suas obras: o racismo.

Eis o que diz a respeito Victor Hugo, em seu *William Shakespeare*:

> O que é Otelo? É a noite. Imensa figura fatal. A noite está apaixonada pelo dia. A escuridão ama a aurora. O africano ama a branca. Desdêmona é a claridade e a loucura para Otelo. Assim, o ciúme é fácil para ele! Ele é poderoso, augusto, majestoso, está acima de todas as cabeças, tem por cortejo a bravura, a batalha, a fanfarra, a bandeira, o renome, a glória, tem o brilho de vinte vitórias e os astros a seu favor, esse Otelo, mas ele é negro. Assim, enciumado, o herói logo vira um monstro, o negro torna-se negrume. Como a noite logo acena para a morte.

Na verdade, Otelo não é inteiramente negro. É um mouro, a meio caminho do Magreb e da África, tem a pele "bronzeada", como é dito na peça.

Em Veneza, nessa república onde, aparentemente ao menos, tudo é tolerância e para a qual contribuem viajantes de todas as partes do mundo, Otelo é tolerado, mas principalmente porque, como já sublinhamos, é general e obtém vitórias por conta do Sereníssimo, muito interessado em ganhos e em sua defesa militar, especialmente contra os turcos.

Porém, embora seja general – e negro –, não é por isso menos homem. Otelo é um soldado ao mesmo tempo talentoso e rude, prestes a apaixonar-se como um colegial e com grande ingenuidade. A consciência da cor de sua pele, de sua diferença, de sua inferioridade real – um complexo – leva-o a dar ouvidos às calúnias de um branco, que não é senão seu ajudante de ordens.

De fato, nessa peça datada de 1603, há um personagem ainda mais negro que Otelo, negro na alma, Iago, de quem se pode dizer que é, ou quase, o irmão gêmeo do funesto Ricardo III. Este último, logo no início da peça epônima, anunciava claramente a cor: negra.

> Portanto, uma vez que não posso e não sei agir como um amante, a fim de me ocupar nestes dias de elegância e de eloquência, estou decidido a agir como um canalha e detestar os prazeres fáceis dos dias de hoje.

Iago é uma víbora que trama seu complô na sombra, com uma astúcia e um conhecimento das fraquezas humanas que levam suas vítimas a um fim trágico. Porém, ao contrário de Ricardo, cujo cinismo é semelhante ao dele, Iago fala continuamente uma dupla linguagem. Logo de início exprime suas queixas, mas, prudentemente, a um colega, Rodrigo: Otelo preferiu em vez dele, para o grau de lugar-tenente que cobiçava, o jovem e talentoso Cássio. Além disso, embora demonstre desprezo pelas mulheres, Iago suspeita que o mouro dormiu com a sua.

IAGO
Tenho ódio ao Mouro; e é pensamento corrente no exterior que entre meus lençóis ele já exerceu meu ofício.

Mas a verdadeira razão de seu ódio a esse "moreno" é que Otelo conseguiu fazer-se amar, ao contar de maneira simples e modesta suas façanhas, por uma jovem branca que é, circunstância agravante, a filha do senador Brabâncio.

É Desdêmona, que parece não ter nenhum preconceito quanto à cor da pele.

> DESDÊMONA
> Que me apaixonei pelo Mouro a ponto de ir viver com ele, isto minha total violência e meu desprezo à boa sorte encarregam-se de apregoar ao mundo. Meu coração submeteu-se mesmo à verdadeira qualidade de meu amo e senhor. Enxerguei a face de meu marido na mente de Otelo, e à sua honradez e talentosa coragem consagrei minha alma e meu destino.

O próprio Otelo defende sua causa com uma calma impressionante, diante do Doge e do enfurecido Brabâncio, como faria qualquer pai em tal situação: ninguém é racista e, como dizem, não importa a cor da pele do futuro, a menos que este venha tomar-nos a filha e instalar-se em nossa família. Otelo, apesar de suas legítimas reivindicações, estaria em má situação se uma questão urgente – um movimento suspeito da frota turca do lado de Chipre – não obrigasse as autoridades de Veneza a pedir sua ajuda e a confiar nele novamente.

Em Chipre, Otelo triunfa, é claro. Festejam-no. Iago perdeu a primeira partida, ele que denunciara Otelo a Brabâncio: "Sou alguém, senhor, que vem dizer que vossa filha e o mouro estão formando um animal de duas costas", mas fazendo Rodrigo expor-se, depois de ele próprio ocultar-se covardemente à sombra de seu general. Longe daquela *motiveless malignity* que o indulgente Coleridge lhe atribuiu, Iago decide então insuflar a Otelo, em doses homeopáticas, o veneno do ciúme, não sem ter exposto seu plano em um monólogo que é uma obra-prima de maquiavelismo.

> IAGO
> O Mouro é de natureza aberta e generosa: acredita ser honesto todo homem com aparência de honesto, e deixa-se levar docilmente pelo nariz, assim como o são os asnos. Está concebido! Foi gerado! O inferno e o breu da noite deverão dar à luz do mundo esse monstro.

É Cássio, que o chama de "honesto Iago", sem saber o que o espera, é ele que será o instrumento de Iago. Primeiro, este o faz embriagar-se e participar de uma briga em consequência da qual perde a confiança de Otelo; depois, faz supor que Desdêmona, a quem Cássio simplesmente pediu que intercedesse em seu favor, estaria interessada por ele. Após fazer-se longamente rogar, Iago despeja o veneno no ouvido de Otelo, ao mesmo tempo em que o previne contra o ciúme.

> IAGO
> (...) como lhe sou obrigado por dever, recebe estas palavras de minha parte. Falo sem ainda ter provas. Observe a sua esposa; observe-a minuciosamente quando ela está com Cássio. Dispa o seu olhar tanto de ciúmes como de segurança. Longe de mim querer que sua natureza nobre e liberal seja maltratada por sua própria generosidade. Examine o caso com atenção. Conheço bem a tendência de nosso país para isso; em Veneza elas deixam o paraíso ver as intimidades que não ousam mostrar aos maridos. O que de melhor lhes dita a consciência não é o abster-se de fazer, mas sim o manter em segredo.

Assim, Iago vai fazer duvidar esse general que nada teme, sobretudo uma infidelidade de sua mulher. Nada, porém, é mais nocivo que a dúvida: "Se o sol duvidasse, ele desapareceria na mesma hora", escreveu William Blake. A partir dessa dúvida, da suspeita que nasce e depois cresce lentamente, abrindo caminho em uma alma ainda sincera e ingênua, é a mecânica do drama que se encadeia, implacavelmente, ajudada por algumas mentiras suplementares de Iago, até o conselho final: "Não useis veneno, estrangulai-a no leito mesmo que ela manchou!". É o que fará Otelo, dominado por esse demônio, no último ato, o único que um ser de sua raça pode conceber. Questão de honra. Matar a infiel e não sobreviver a ela.

> OTELO
> Essa é a causa, essa é a causa, minha alma. Não me peçam, castas estrelas, que eu dê nome a ela. Essa é a causa. Contudo,

não derramarei seu sangue, nem deixarei marca naquela sua pele, mais branca que a neve, mais lisa que o alabastro de monumentos... E, no entanto, ela deve morrer, para que não venha a trair ainda mais homens. Primeiro, apaga-se a luz, e depois... apaga-se a luz. Se preciso extinguir-te a ti, sacerdotisa ardente, posso ainda uma vez recuperar tua luz passada, no caso de me arrepender. Porém, uma vez apagada tua luz, modelo mais sutil da natureza em sua excelência, eu não saberia onde encontra-se aquela chama de Prometeu que pudesse reacender tua luz.

Com uma certa fluidez de movimentos, e talvez um instinto de selvageria primitiva, mas também recuperando o controle uma vez esgotada a cólera, Otelo não passa Desdêmona pelo fio da espada como um militar deveria fazer, porém a sufoca sob um travesseiro. Nem gritos, nem sangue. Um crime perfeito, quase um ato de amor, disseram. Uma forma de "matar uma mulher pela doçura", segundo o título de uma peça de Thomas Heywood. Já o suicídio de Otelo é dos mais violentos e constitui um verdadeiro castigo.

Em sua "regularidade escrupulosa" (dr. Johnson), a mecânica que conduziu Otelo a esse fim trágico foi certamente montada por Shakespeare não sem um certo masoquismo, após ter conhecido ele próprio o ciúme. O mesmo masoquismo de Otelo, quando se tortura com a suspeita levantada por Iago, quando é acometido de uma verdadeira crise de esquizofrenia. Certamente, nunca se foi tão longe na descrição minuciosa dessa doença feroz que ataca como uma lepra e que Shakespeare estudou em si mesmo. Talvez com mais temperança. Aqui ele se desrecalca. Sexos invertidos – não esqueçamos que o papel de Desdêmona é desempenhado por um rapaz –, ele é ao mesmo tempo Otelo e Desdêmona e, se esta última representa de certo modo o *fair man* dos *Sonetos*, ele a exonera e simultaneamente a pune. Em Otelo, sombra da *dark lady*, Shakespeare fustiga a si mesmo, mas, ciumento como ele, pune-se também.

Quanto à negritude de Otelo, ela é a pedra angular de toda a história.

O mouro, independentemente de suas origens não cristãs, tem muita consciência da cor de sua pele, como demonstram estas três réplicas: "Vendido como escravo, resgatado em seguida", ele observa uma primeira vez, acrescentando diante do Doge: "Com a mesma franqueza que confesso ao céu as fraquezas de meu sangue". Enfim, logo após as insinuações de Iago: "Porque sou negro e não tenho na conversação os torneios ágeis dos intrigantes".

Essas origens que, somadas à sua credulidade nativa, ditam-lhe a conduta e inspiram-lhe o necessário castigo não comoveram Shakespeare, que fez de Otelo um homem como os demais, prova de que não era racista. No entanto, ele extrai delas, não sem endossar algumas ideias aceitas da época – segundo Douglas Gray*, "os elisabetanos consideravam os mouros como seres apaixonados, dotados de uma grande potência sexual, ciumentos e possessivos" –, todas as consequências psicológicas e, naturalmente, numerosos recursos teatrais.

Com o mesmo tema, podia-se escrever uma comédia ou um *vaudeville*. Com um negro como protagonista, a coisa vira um drama histórico universal, do qual o racismo é necessariamente uma dominante.

Uma observação, de passagem, para os que se interessam pelas ligações entre as diferentes obras de Shakespeare. Bem antes de *Otelo*, encontramos em *Tito Andrônico* (1590) um outro personagem negroide, muito mais negro que o mouro, em todo caso, que curiosamente traz um nome judeu, Aarão. Mas ele nada possui da grandeza de alma de Otelo. Digamos mesmo que, pela velhacaria e pela vilania, poderia servir de exemplo a Iago. Como se o personagem do mouro tivesse, com o tempo, se cindido em duas partes, uma boa e a outra inteiramente má.

---

* Professor em Oxford, autor de um *Estudo sobre os grandes temas shakespearianos*, no posfácio das *Oeuvres complètes,* traduzidas em francês por François-Victor Hugo. (N.A.)

Notemos também que na mesma peça, *Tito Andrônico*, Lavínia é uma jovem heroína, mártir como Desdêmona, Ofélia e Cordélia. Tendo sofrido os últimos ultrajes, ela tem pouco texto a dizer, pois, já no ato II, cortaram-lhe a língua e as mãos. Nesse melodrama que termina por uma matança geral, cruzamos com uma imperatriz, ex-rainha dos godos, rascunho de *Lady* Macbeth; um patife, Quíron, que anuncia o Autólico de *Conto de inverno*; um Lúcio, triunfador final, que tem muitos traços de Marco Antônio. Porém, o que mais impressiona são as desgraças do próprio Andrônico, prefigurando ao mesmo tempo Lear e Próspero: a velhice levada ao desespero e à loucura, mas também à última sabedoria.

Tal é o caminho sinuoso que pode levar-nos de uma obra de juventude, controvertida, como dissemos, às obras-primas da maturidade, uma obra a partir da qual os personagens, uma vez esboçados, desenvolvem-se, adquirindo carne e envergadura. É o que acontece com *Otelo*, mais de dez anos após *Tito Andrônico*, e com temas que, sustentados pela intriga, serão depois tratados com mais profundidade. Como o do antissemitismo, embora o termo date apenas do final do século XIX. Ele é ilustrado por um outro personagem que vamos estudar agora e que é, ele também, uma das figuras mais célebres do teatro de Shakespeare. Trata-se de Shylock, o mercador de Veneza, que nos leva a interrogar-nos sobre a atitude do autor diante da questão judaica.

No reinado de Elizabeth I, a presença de uma comunidade judaica é atestada em Londres desde muito tempo. A primeira menção de um bairro reservado, como o da Giudecca, em Veneza, remonta a 1128, portanto bem antes que os judeus se estabelecessem no norte da cidade, no que posteriormente será chamado o Gueto, palavra derivada do hebreu, que deu seu nome ao que se espalhou por toda parte no mundo.*

---

* *Ghetto* era o nome de uma antiga fundição no bairro de San Girolamo em Veneza. A ilha da Giudecca (*Giudecche*) tinha um setor habitado exclusivamente por judeus. O termo *ghetto* existe em italiano desde 1516; em francês, foi incorporado em 1690. (N.A.)

Em Londres, as pessoas servem-se dos judeus – a profissão de agiota sendo interdita aos cristãos –, mas não se privam de maltratá-los. Em 1189, queimam suas casas, fazendo perecer várias famílias. Por volta de 1215, eles são detidos na Torre e obrigados a usar um sinal distintivo, que prefigura a estrela amarela de triste memória. Em 1272, conta-nos Peter Ackroyd, centenas de judeus foram enforcados por suspeita de terem fabricado moeda falsa. A chegada de financistas franceses e italianos torna-os menos úteis: eles se fazem discretos, ou às vezes se convertem, a fim de poderem exercer seu comércio sem temor de represálias.

Na época de Shakespeare, pelo menos um sinistro caso poderia ser qualificado de antissemita.

Tendo o conde de Essex, favorito da rainha, acusado o médico judeu dela, um homem chamado Lopez, de ser um espião espanhol, este foi enforcado e esquartejado. O que teve por consequência imediata desencadear uma onda de agressões contra os judeus de Londres, o povo tomando a defesa da soberana.

Na literatura e no teatro, a obra mais importante que evoca a questão é *O judeu de Malta*, de Marlowe (1589), na qual, aliás, Shakespeare largamente se inspirou no que se refere aos dois personagens principais: o judeu Barrabás e sua filha Abigail. Sempre o patrimônio comum. Serviu-se ele igualmente do caso Lopez para explorar um fato da atualidade, capaz de interessar o público?

À primeira vista, Shylock pode ser visto como a caricatura do judeu típico, tão antipático quanto a figura do *Juif Süss*, no filme de propaganda nazista cujos cartazes ultrajavam os muros da França durante a Ocupação. Na primeira cena, ele é mostrado em plena atividade e com todos os seus defeitos "tradicionais": cautela, espírito de lucro, extrema prudência e desprezo pelos que recorrem a ele.

S<small>HYLOCK</small>
Três mil ducados, pois bem.

BASSÂNIO
Sim, senhor, por três meses.

SHYLOCK
Por três meses... pois bem.

BASSÂNIO
Durante os quais, como eu lhe expliquei, Antônio é o meu fiador.

SHYLOCK
Antônio é o fiador, pois bem.

BASSÂNIO
O senhor tem condições de me ajudar? Pode me fazer este obséquio? Poderia me dar uma resposta?

SHYLOCK
Três mil ducados por três meses, e Antônio como fiador.

BASSÂNIO
Qual é a sua resposta?

SHYLOCK
Antônio é um bom homem.

BASSÂNIO
O senhor ouviu alguma coisa em contrário?

SHYLOCK
Ó, não, não, não, não. Quando eu disse que ele é um bom homem, foi na intenção de ter você entendendo que para mim ele é aval suficiente. No entanto, os recursos dele são hipotéticos: ele tem um rico navio mercante indo para Trípoli, outro para as Índias. Também estou sabendo (notícias vindas do Rialto) que ele tem um terceiro navio no México, um quarto partindo para a Inglaterra, e outros empreendimentos de risco espalhados no estrangeiro. Mas navios não passam de tábuas, e marinheiros não passam de homens, e tem ratos em terra firme, e tem ratos em alto-mar, ladrões aqui e lá

também (quero dizer, piratas), e também tem o perigo das águas, dos ventos e dos rochedos. Apesar disso, o homem é aval suficiente. Três mil ducados; acho que posso aceitar uma nota promissória dele.

Como reagia o público a essa transação, quando devia praticar outras semelhantes, a cada hora do dia, em alguma quitanda de Londres? Certamente pensava que "era verdade" e, em relação ao personagem, seu sentimento devia ser o mesmo que na vida corrente, sempre que esse tipo de cena se produzia. Mas a seguir, quando se estabelece a ação dramática, descobrimos que Shylock alimenta um ódio feroz pelo rico mercador Antônio, que sempre o desprezou por ser judeu.

SHYLOCK
Signior Antônio, muitas e muitas vezes no Rialto o senhor me taxou disso e daquilo por causa dos meus dinheiros e das minhas taxas de juros. Sempre aceitei tudo com paciência, com um dar de ombros, pois este é o emblema de toda a nossa tribo: resignar-se, sofrer em silêncio. O senhor me chama de infiel, de cão raivoso, e cospe na minha gabardina de judeu. E tudo porque faço uso daquilo que é meu. Pois bem, agora parece que você está precisando de minha ajuda. O que acontece? Você vem a mim e diz: "Shylock, nós queremos ter dinheiros"; é o que você diz, você que jogou o seu catarro nas minhas barbas e me chutou como quem enxota um vira-lata intruso porta afora, e você vem me pedir dinheiros. O que será que eu devo lhe responder? Eu poderia perguntar: "Um cachorro tem dinheiro? Pode um cachorro emprestar três mil ducados?"

A partir desse momento, começa um combate, que o público pode acompanhar tomando partido de um ou outro dos dois campos: era Shylock vaiado por seu apego ao lucro, ou era o rico que criticavam, ambos personificando duas categorias sociais sobre as quais era possível ter opiniões rigorosamente opostas?

ANTÔNIO
Estou a ponto de te chamar assim de novo, de cuspir em ti de novo, de te enxotar a pontapés também. Se queres emprestar esse dinheiro, empresta não como se fosse para amigos, pois quando é que um amigo toma de outro amigo a ninhada de seu estéril metal? Pelo contrário: empresta o teu dinheiro ao teu inimigo, àquele que, se for à bancarrota, tu podes com um sorriso no rosto cobrar dele a multa devida.

SHYLOCK
Ora, veja só, como o senhor ficou irado! Meu desejo era ser seu amigo, e ter sua afeição, esquecer os insultos com que me manchou a mim, suprir suas necessidades de agora e não aceitar nem um tostão de juros pelos meus dinheiros, mas o senhor não quer me ouvir. Minha oferta é benevolente.

ANTÔNIO
Deveras, isso seria benevolência.

SHYLOCK
E meu desejo é provar essa benevolência. Venha comigo a um notário, me ponha o seu selo e a sua assinatura nessa letra promissória única e livre de condições… e, só por brincadeira, se você não me pagar o que deve no dia previsto, no local previsto, tal quantia ou quantias como descritas na promissória, que seja a multa exatamente uma libra de sua carne clara, a ser cortada e tirada de qualquer parte do seu corpo que eu nominar.

Sem tomar partido algum, não tiraremos uma conclusão apressada acerca dessa "libra de carne", anedota que remonta, ao que parece, à Antiguidade. Muito própria de um Saul Bellow ou de um Woody Allen, podemos considerá-la, da parte de Shylock – ele mesmo o diz –, como um traço de humor judeu, com frequência cruel e até feroz. Pelo menos é o que pensaríamos, se Shylock não expusesse suas razões de uma maneira ainda mais explícita, com um rancor que descobrimos bruscamente, a situação deixando de ser "brincadeira", a comédia transformando-se em drama.

Pois é em sua própria carne que Shylock é subitamente ferido, em sua carne e em seus bens: sua filha, sua única filha, acaba de fugir de casa com as joias e o dinheiro do pai e, cúmulo da desonra, com um gói. Escutemos a queixa desse pai desesperado, queixa que lembra o "Meu cofrinho!" do terrível Harpagon*. Nesse momento da peça, não sabemos muito bem se Shylock lamenta a filha ou o dinheiro.

> SHYLOCK
> Ora, mas então, então, então, então! Um diamante que se foi com ela me custou dois mil ducados em Frankfurt! A maldição nunca caiu sobre a nossa nação até agora, eu nunca senti essa madição até agora. Dois mil ducados numa pedra, e outras joias mais, preciosas, preciosíssimas! Queria que minha filha estivesse morta aos meus pés, e as joias em suas orelhas; queria que ela estivesse dentro de um caixão aos meus pés, e os ducados junto, no esquife. Nenhuma notícia deles; por que isso? E nem mesmo sei quanto já se gastou nessa busca. Ora, tu, perda em cima de perda... o ladrão indo embora com tanto, e outro tanto para encontrar o ladrão, e nenhum resultado, nenhuma vingança, e também nenhum azar fatal para tirar dos meus ombros o peso que carregam, nenhum suspiro (só os da minha respiração) e nenhuma lágrima (só as que escorrem no meu rosto)!

Harpagon chora seu ouro, mas faz rir por seu desespero. E Shylock? Em uma cena como esta, o público vai zombar do judeu ou compadecer-se de sua desdita? Percebe-se aqui o quanto Shakespeare é hábil em fazer alternar as opiniões, em encaixar uma sequência cômica em pleno drama, em propor várias eventualidades ao público, que assim é convidado a escolher seu campo. O que ele devia fazer com paixão nesse mesmo local onde, pouco antes, galos ou ursos eram atiçados uns contra os outros.

Há duas maneiras de escutar, ou de ler, a peça, assim como há duas maneiras de interpretar o papel. Ou Shylock,

---

* Personagem central de *O avarento*, de Molière. (N.T.)

como a caricatura evocada mais acima, é um ser ignóbil, um aproveitador, que não tem piedade de ninguém – sua filha Jéssica tenderia a esse lado, pois ela abandona e rouba o pai sem remorsos –, ou ele é um personagem de certa grandeza, ganancioso e implacável, é verdade, mas somente por ser um excluído, que dá provas, em sua autodefesa, de dignidade e de humanidade.

> SHYLOCK
> Eu sou um judeu. Judeu não tem olhos? Judeu não tem mãos, órgãos, dimensões, sentidos, impulsos, sentimentos? Não se alimenta também de comida, não se machuca com as mesmas armas, não está sujeito às mesmas doenças, não se cura pelos mesmos métodos, não passa frio e não sente calor com o mesmo verão e o mesmo inverno que um cristão? Se vocês nos furam, não sangramos? Se nos fazem cócegas, não rimos? Se nos envenenam, não morremos? E, se vocês nos fazem mal, não devemos nos vingar?

Eis o público convidado novamente a escolher. A favor ou contra Shylock. Afinal, Bassânio, Lourenço, Lancelote buscam apenas se divertir, pensando antes de tudo em seus amores e em seus prazeres. O ponto de partida da intriga é justamente o dinheiro que Bassânio pede emprestado com a única finalidade de se aproximar da mulher que ele cobiça. Quanto ao rico Antônio, este tende a se ocupar apenas de seus interesses. É preciso, pois, julgar. E é preciso julgar em cena. Como Veneza foi escolhida como lugar da ação porque o Sereníssimo representa um exemplo de democracia e de imparcialidade, faz-se apelo ao Doge, como em *Otelo*. O Doge, com grande sabedoria, tenta acalmar a situação, mas o processo é inevitável. Não obstante todas as propostas e súplicas, Shylock, obstinado a ponto de perder o bom senso, não renuncia ao reembolso da dívida.

Um processo é sempre um excelente material dramático: nele as pessoas enfrentam-se, argumenta-se a favor e contra, as réplicas são contundentes ou mesmo grandiloquentes. A lei serve de trilhos à construção dramática. O público pergunta-se como tudo vai acabar, qual será a sentença final, justa ou não. Tendo uma opinião, ele talvez já pronunciou a sua. Os indecisos seguem o movimento, deixando-se levar por uma ou outra prova. O único a conhecer a sentença é o autor: William Shakespeare. Depois de levar a situação ao extremo e de aparentemente fechar todas as saídas, restam-lhe ainda expedientes em sua mesa de trabalho. Inclinando-se talvez para o lado de Shylock, ou simplesmente preocupado em restabelecer o equilíbrio, ele joga um pouco de óleo no fogo com esta declaração de Antônio:

> ANTÔNIO
> Por favor, lembrem-se que os senhores estão argumentando com um judeu. É o mesmo que parar-se na praia e pedir à maré cheia que diminua a sua altura costumeira. É o mesmo que perguntar ao lobo por que ele fez a ovelha balir atrás do cordeirinho. É o mesmo que proibir os pinheiros das montanhas de balançar suas copas e dizer-lhes para não fazer barulho quando são atormentados pelas rajadas de vento. Enfim, senhores, é o mesmo que executar a tarefa mais dura deste mundo: tentar amolecer esse... (mas, por outro lado, o que seria mais duro que isso?) ...esse coração judeu.

Depois ele faz intervir Pórcia.

Quem é Pórcia? Uma rica herdeira cujo pai acaba de morrer e que deve escolher um pretendente. Ora, aquele sobre o qual recai sua escolha não é outro senão Bassânio, o devedor. Para salvar Antônio, o fiador, Pórcia disfarça-se de advogado e consegue, por um subterfúgio, confundir Shylock, obrigado a renunciar:

> PÓRCIA
> Então, pega a tua promissória e pega a tua libra de carne, mas, ao fazer o corte, se tu derramares uma única gota de sangue cristão, tuas terras e todos os teus bens serão confiscados pelas leis de Veneza e passarão a ser propriedade do Estado.

Após ter reagido, às vezes violentamente, a cada peripécia, o público, esse público *boisterous* [turbulento] do teatro elisabetano, se alegrará com a derrota de Shylock, aplaudindo quando ele sai e desaparece – pois não entrará de novo em cena – com uma satisfação revanchista contra um judeu. Ou então, ao contrário, lamentará a sorte de um homem, um semelhante, apesar de tudo, que foi obrigado a ir até o fim de seu infortúnio.

Também aqui, tudo depende da atitude que ele adotou e da maneira como o ator interpretou essa atitude. Ele terá tido, isso é certo, a simpatia compadecida de uma parte da multidão, pois, se fosse vilipendiado, renegado e mesmo vaiado à saída – como no futebol, devia haver vaias no Globe e em outras partes –, não seria mais teatro, mas um *pogrom*. De resto, Shakespeare, tornando a apertar os fios, encadeando com um contraponto de comédia – uma confusão acerca de um anel entre os dois casais de enamorados –, não dá aos espectadores o tempo de julgar. A peça terminará, como sempre, por divertimentos. Somente depois, quando a multidão se dispersar, é que virá o momento dos comentários, das controvérsias, aquele em que se reconstitui a peça. Shakespeare, árbitro imparcial, fez bem o seu trabalho. O que ficará no espírito das pessoas – é o que ele certamente espera – será talvez, intercalado no ponto culminante do processo movido por Shylock, esta bela declaração de Pórcia, advogado ocasional, por cujas palavras o autor exprime, sem dúvida nenhuma, uma convicção pessoal sobre o debate que pôs em cena.

> Pórcia
> A misericórdia é uma virtude que não se pode fazer passar à força por uma peneira, mas pinga como a chuva mansa cai dos céus na terra. É duplamente abençoada: abençoa quem tem compaixão para dar e quem a recebe. Poderosa nos poderosos, harmoniza-se com o monarca ao trono melhor que a coroa. O cetro denota a força do poder temporal, o atributo real que inspira o respeito à majestade, fonte do temor e da reverência aos reis. Mas a misericórdia está

acima de qualquer movimento do cetro. Ela tem seu trono no coração dos reis, é um atributo de Deus e um tributo a Deus, é um poder mundano que se mostra divino... quando a misericórdia vem temperar a justiça.

Ser ou não ser Hamlet

Na virada do século, William Shakespeare é um homem pacato. Aproxima-se dos quarenta anos, e essa idade era então, para um homem, a época dos balanços e quase o começo da velhice. Ele conhecera seu lote de satisfações, como também de desilusões. Financeiramente abastado, tendo renunciado a ser ator, ele acaba de dar livre curso – mas será praticamente a última vez – à sua *vis comica*, ao redigir de uma assentada, como de hábito, *As alegres matronas de Windsor*, para ressuscitar, a pedido da rainha, ao que parece, seu bom velho Falstaff. Suas peças são representadas com sucesso. Tão logo coroado, Jaime I nomeia William fidalgo da Câmara, e a trupe de Lord Chamberlain, Comediantes do Rei: já é um pouco a Comédie-Française ou a Royal Shakespeare Company. Além disso, o Stuart agora rei imediatamente libertou Southampton, o protetor de sempre, apagando, assim, as consequências que poderia ter tido o desagradável envolvimento de Shakespeare com o conde de Essex.

Por outro lado, com a idade, sua sensualidade, não obstante discreta, apaziguou-se, deixando-lhe apenas aqueles ressaibos de amargor que assinalamos no último período dos *Sonetos*.

Ele se interessa cada vez mais pela história da Antiguidade, como o testemunham, pouco tempo depois, *Tímon de Atenas* (1607) e *Péricles* (1608). Se ele se recolhe, embora continuando a levar a mesma vida simples e quase burguesa, à maneira de Montaigne, é porque está preparando, talvez na solidão rural de Stratford, onde trabalha em um quarto minúsculo, mas com vista para o verdejante campo inglês, sua obra-prima teatral.

Verificou-se que, a despeito das dúvidas, dos fracassos, das dificuldades de escrita ou da vida corrente, os grandes criadores sabem, chegado o momento, que o que vão produzir será o ponto culminante de sua obra. Bastava esperar tal momento.

Esse ponto culminante será a história trágica e universal de um personagem – "uma grande presença inesgotável", segundo o poeta francês Yves Bonnefoy – que ele reserva, obviamente, ao grande ator Richard Burbage, chefe da trupe. Essa história, ele a situa, como fez muitas vezes (a Ilíria de *Noite de Reis*, a Grécia do *Sonho de uma noite de verão*, a Veneza do *Mercador* e de *Otelo* ou a Verona de *Romeu e Julieta*), em um país inteiramente desconhecido dele e em um principado cujo nome deve tê-lo seduzido: a Dinamarca de Elsenor.

Hamlet inaugura assim, no zênite da carreira de Shakespeare e no momento em que vai começar a dos Stuart, o ciclo do que foi chamado de *dark plays*, as peças com problemas, *O rei Lear* e *Macbeth* vindo a seguir. E problemas é o que não falta nesses cinco atos representados pela primeira vez no Globe Theatre em 1601. Nenhuma peça de teatro, nenhuma obra escrita suscitarão tantos comentários, tantas exegeses, tantas interpretações.

Antes de evocar algumas delas, vejamos em que fontes Shakespeare se inspirou. Dessa vez, não recorreu a Holinshed, como para as peças históricas. Limitou-se a retomar, a partir da crônica dinamarquesa de Saxo Grammaticus, publicada em 1514 e em latim, uma peça de seu contemporâneo Thomas Kyd, representada alguns anos antes, peça em que não aparece evidentemente nenhum dos prolongamentos metafísicos ou psicológicos trazidos por Shakespeare, que acrescenta carne, por assim dizer, ao esqueleto.

O que temos em Thomas Kyd, autor, aliás, estimável? Uma história policial. E, como em muitas histórias policiais, uma questão de vingança: Hamlet quer a pele do usurpador que desposou sua mãe, recentemente viúva. Sobre esse tema, que não chega a ser realmente perturbador, Shakespeare projeta várias luzes, que posteriormente serão destacadas por exegetas e comentadores. O público fará o mesmo, assim como os espectadores ou os leitores, assim como a posteridade.

Atenhamo-nos, em primeiro lugar, ao aspecto policial. Não é todo dia que um espectro em armadura vem nos revelar que foi assassinado, dando o nome do assassino, que não é senão seu próprio irmão. Hamlet acaba de sair da universidade, onde, na verdade, prolongou um pouco sua temporada de estudante, preferindo certamente a libertinagem à atmosfera deletéria do castelo de Elsenor (o qual, diga-se de passagem, não estava ainda construído na época de Hamlet).

A revelação do espectro do pai confirma as suspeitas que ele nutria em relação ao tio, mas que evitava cuidadosamente de verificar. Hamlet é intimado a agir. O crime não pode ficar impune. É preciso confundir o culpado e castigá-lo, como na lei do talião. Embora estando, como jovem bem-nascido, familiarizado com as armas – o que ele provará no duelo final e, antes, quando é atacado no mar por piratas: "Fui forçado a ser bravo" –, o doce príncipe, que a mãe sempre papariçou, não gosta de violência. Ele é leal demais, e certamente muito inexperiente, para recorrer ao veneno e não é maquiavélico o bastante, ou mesmo nada maquiavélico, para simular um acidente. Quanto às forças da ordem, a polícia é justamente seu tio, agora também seu sogro. Que fazer? Hamlet passará cinco atos a refletir sobre o que poderia empreender, defendendo ao mesmo tempo a própria vida, ameaçada, para assumir uma tarefa da qual teria preferido abster-se.* É só quando não pode mais fugir, quando se sente ele próprio perdido, que Hamlet encontra a coragem de agir. A cavalaria, a de Fortimbrás da Noruega, chega tarde demais e só encontrará mortos. Uma bela homenagem fúnebre. Mas para que serve uma homenagem fúnebre? O único a permanecer vivo, o único que pode testemunhar, é Horácio.

---

* É esse aspecto do personagem, claramente neurastênico, que Jules Laforgue reteve em suas *Moralités légendaires: Hamlet ou les suites de la pieté filiale* (1887), ao fazer de seu Hamlet – "Sou mais Hamlet que ele" – o protótipo de todos os indecisos, de todos os perdedores, e ainda apaixonado por uma atriz, Kate, que evidentemente não se compara a Ofélia. Ele termina sua moralidade com esta pirueta refrescante: "Um Hamlet a menos! A raça não está perdida, como dizem!" (N.A.)

HAMLET
Ó Deus, Horácio, que nome execrado viverá depois de mim,
Se as coisas ficarem assim ignoradas!

Uma segunda leitura da peça, que não exclui necessariamente a primeira, poderia ser mais "política". Se escolhemos essa abordagem, reencontramos o Shakespeare das grandes peças históricas. Embora a Dinamarca e a Noruega nos sejam totalmente estranhas, sobretudo na época, elas se tornam tão próximas para nós quanto a sucessão dos Tudor no trono da Inglaterra. Não estamos mais na Grã-Bretanha da época da luta sangrenta que opôs os York e os Lancaster, mas em uma terra longínqua cujos dados históricos podem ser acomodados à vontade.

Lá os choques são frequentes, os conflitos sempre latentes. Eis aqui uma leitura muito hegeliana de Hamlet feita por Bertolt Brecht em seu *Pequeno Órganon para o teatro*[15], na qual se demonstra que a imagem do pai, o que retorna sob os traços do espectro, não é desprovida de zonas de sombra.

> É um tempo de guerras. O rei da Dinamarca, pai de Hamlet, matou o rei da Noruega durante uma guerra de rapina em que obteve a vitória. Enquanto Fortimbrás, filho do rei da Noruega, reúne um exército para uma nova guerra, o rei da Dinamarca é morto, ele também, pelo próprio irmão. Os irmãos dos reis mortos, doravante reis por sua vez, evitam a guerra mediante um acordo de que as tropas norueguesas poderão atravessar o território dinamarquês para saquear a Polônia. Mas eis que o jovem Hamlet, pelo espectro de seu pai guerreiro, é incitado a vingar o crime do qual foi vítima. Hamlet hesita um pouco em responder ao crime com o crime, está mesmo disposto a exilar-se. Mas na costa ele encontra o jovem Fortimbrás em marcha para a Polônia, à frente de suas tropas. Subjugado por esse exemplo guerreiro, Hamlet dá meia-volta e, em uma carnificina bárbara, massacra o tio, a mãe e ele próprio, entregando, assim, a Dinamarca ao norueguês. Ao longo desse processo, vemos esse homem jovem, mas já corpulento, fazer um uso bastante mesquinho

do racionalismo novo que pôde adquirir na universidade de Wittenberg. Nas questões feudais em que se vê implicado, essa razão lhe é um estorvo. Diante de práticas desprovidas de razão, sua razão é desprovida de senso prático. Ele sucumbe como vítima trágica da contradição entre tais especulações e tais ações.

O que Jan Kott confirma ao reproduzir essa longa citação de Brecht em seu livro *Shakespeare, nosso contemporâneo*: "Fortimbrás decide o roteiro de *Hamlet*". E ele acrescenta, após imaginar que Hamlet leu Montaigne em Wittenberg – segundo Brecht, seria antes Descartes ou Aristóteles –, e é com esse Montaigne nas mãos que ele persegue o espectro junto às muralhas de Elsenor: "Fortimbrás é um dos sósias, dos *alter ego*, dos duplos de Hamlet". De fato, é o que percebemos quando Hamlet, ao partir para o exílio, encontra Fortimbrás por acaso: ele é uma referência, um espelho, "Aquele que restabelece a ordem". E aquele que, apesar de suas raras aparições, ganha a partida de xadrez. A vingança de Fortimbrás é indiretamente bem-sucedida.

Um outro enfoque é o dos psicanalistas, que não deixaram de examinar Hamlet como um tema especial. É preciso matar o pai, mas ele já está morto. Resta a mãe, que se casou em seguida com o cunhado, após ter sido seu amante.

HAMLET
Economia, Horácio! Os assados do velório
Puderam ser servidos como frios na mesa nupcial.
Preferia ter encontrado no céu meu pior inimigo
Do que ter visto esse dia!

Hamlet está necessariamente apaixonado pela mãe. O complexo de Édipo obriga! É isso o que mais o perturba nos delitos de Cláudio. Caso contrário, teria ficado jogando cartas em Wittenberg, a Wittenberg de Lutero. Imediatamente após a revelação do espectro, bastante inoportuna, é a mãe que ele ataca, já em um de seus primeiros monólogos:

> HAMLET
> Fragilidade, teu nome é mulher!
> Um pequeno mês, antes mesmo que gastasse
> As sandálias com que acompanhou o corpo de meu pai,
> Como Níobe, chorando pelos filhos, ela, ela própria –
> Ó Deus! Uma fera, a quem falta o sentido da razão,
> Teria chorado um pouco mais – ela casou com meu tio,
> O irmão de meu pai, mas tão parecido com ele
> Como eu com Hércules! Antes de um mês!
> Antes que o sal daquelas lágrimas hipócritas
> Deixasse de abrasar seus olhos inflamados,
> Ela casou. Que pressa infame,
> Correr assim, com tal sofreguidão, ao leito incestuoso!
> Isso não é bom, nem vai acabar bem.

E o que dizer da cena em que ele desacata violentamente a rainha, sua mãe, à qual Polônio ordenou que repreendesse esse filho mau, cuja conduta não deixa de inquietar? Uma cena de ciúme puro. Decidido a fazer as mais contundentes censuras, mas sem molestá-la, ele a atormenta sem respeito, quando ela está transtornada pela morte de Polônio, ferido através de uma tapeçaria atrás da qual Hamlet imaginou que se ocultava o rival.

> HAMLET
> Que é isso? Um rato? Morto!
> Aposto um ducado; morto!
>
> POLÔNIO, *expirando.*
> Oh, me mataram!
>
> A RAINHA
> Ai de mim, que fizeste?
>
> HAMLET
> Ora, eu não sei. Quem é, o rei?

Não é o incesto que teria assustado um espectador elisabetano. *'Tis Pity She's a Whore**, de John Ford (1625), é baseado nos amores de um irmão e de uma irmã. O que retém Hamlet em suas relações com a mãe – e que adolescente não desejou, confusamente, ter sua mãe como amante? – são seus próprios limites: medo diante do sangue – ele não se decide a matar –, medo diante do amor – ele foge de Ofélia –, medo diante da morte quando estremece à visão do crânio de um bufão que encantou sua juventude.

Abordemos um terceiro aspecto, que não deixa de ser verossímil: Hamlet homossexual. Por que não? Visceralmente ligado à mãe, como muitos homossexuais são, ele não alimenta uma afeição particular pelo pai falecido, mesmo quando lhe aparece o fantasma.

> HAMLET
> Muito bem, ratazana! Você cava depressa embaixo da terra, hein?

E eis que lhe é dado um segundo pai, que tomou o lugar do primeiro e que talvez quisesse sinceramente substituí-lo. Quem sabe? Os criminosos, em sua culpa, têm às vezes um retorno de ternura, mesmo se não podemos deixar de ver, nesta réplica de Cláudio, um cálculo, talvez para acalmar a rainha.

> CLÁUDIO, *a Hamlet.*
> Por isso te rogamos, Hamlet – afasta de ti essa dor já inútil,
> E pensa em nós como um pai.
> E que o universo tome nota:
> Este é o herdeiro mais imediato do meu trono!
> O amor que te devoto é tão nobre
> Quanto o que o pai mais amoroso dedica ao filho mais amado.

Virilidade, autoridade, paternidade, tudo o que o órfão detesta, assim como os feitos de armas. E eis que chega na hora certa, em plena confusão, o amigo de sempre, Horácio,

---

* *Pena que ela seja uma puta.* (N.T.)

condiscípulo de Hamlet em Wittenberg. Que tipo de amigo e de condiscípulo? Ele parece conhecer bem seu Hamlet. Em todo o caso, mostra-se fiel como um cão, e seu desejo de juntar-se a Hamlet na morte, no final da peça, é muito sincero. Pensamos no jovem homossexual que, no filme *Quatro casamentos e um funeral* (Mike Newell, 1994), recita, chorando, um poema de Auden diante do catafalco do amigo desaparecido.

Além disso, Hamlet ama realmente a doce Ofélia, essa jovem com pretensões literárias? Ele a humilha publicamente em duas oportunidades: primeiro diante do rei, da rainha e do pai dela, Polônio, dizendo-lhe para entrar num convento – ou num bordel, se tomamos a acepção em gíria da palavra *nun*, prostituta –, depois no momento do espetáculo, quando finge divertir-se com ela pedindo-lhe para ficar entre seus joelhos.

A morte por suicídio da moça, ou melhor, da jovem mulher – é mais do que provável que ele a deflorou sem o consentimento de Polônio –, não o comove em excesso e, se vai até o túmulo no cemitério, é provavelmente apenas para desafiar a virilidade de Laertes, irmão de Ofélia, que ele provoca. Altercação fútil entre jovens?

E, se quisermos ir ainda mais longe a propósito de Laertes, deixando de lado a aparição do cortesão Osric, o duelo com espadas sem fio, exceto uma, a que mata, não é uma engenhosa metáfora para um duelo amoroso entre dois rapazes?

A homossexualidade, porém, ele deve ocultá-la, e talvez ocultá-la a si mesmo. Assim como deve dissimular a covardia, muito relativa, aliás: quem poderia decidir-se a matar a sangue frio? Hamlet só fará isso no final. Mas, por ora, finge-se de louco. Uma forma de proteger-se: "*I must be idle*" [Devo ficar ocioso].

HAMLET
Por mais estranha e singular que seja minha conduta –
Talvez, de agora em diante, eu tenha que
Adotar atitudes absurdas –
Vocês não devem jamais, me vendo em tais momentos,
Cruzar os braços assim, mexer a cabeça assim,

> Ou pronunciar frases suspeitas,
> Como "Ora, ora, eu já sabia", ou "Se nós quiséssemos, podíamos",
> Ou "Se tivéssemos vontade de, quem sabe?"
> Ou "Existem os que, se pudessem..."
> Ou ambiguidades que tais pra darem a entender
> Que conhecem segredos meus.

Louco, esse espírito frágil talvez o seja realmente. E este é ainda um grande debate entre os comentadores da peça, debate cuja interrogação principal é a seguinte: o que é a loucura? Delírios episódicos devidos a uma causa ou outra que podem chegar à violência ou à destruição de si mesmo, paranoia, esquizofrenia, dupla personalidade? O *Elogio da loucura,* de Erasmo, fora publicado em 1509, e Shakespeare seguramente o lera. Mas ele também tinha um campo de exploração natural na cidade mesma onde vivia. "Londres enlouquece os londrinos", afirma Peter Ackroyd, que observou em sua *Biografia* da capital: "Já no século XIV, o hospital St. Mary de Bethlem acolhia os doentes mentais. Em Londres, a loucura sempre esteve associada a Bethlem. Thomas Morus se perguntava se a cidade não era ela própria um imenso asilo, com todos os seus atormentados e hipocondríacos, de modo que Bethlem passou a ser um símbolo de Londres, um resumo de Londres."

Não sabemos se havia na Dinamarca um Bethlem ou *Bedlam**, nome definitivamente associado à loucura, para acolher os *lunaticks*, mas é a Londres que Cláudio envia Hamlet. O que motiva a réplica do coveiro, no ato V, quando Hamlet o interroga:

O COVEIRO
Diz que lá recupera o juízo.

HAMLET
Por quê?

---

* O termo *bedlam* passou a significar, em inglês, hospital de alienados. (N.T.)

O COVEIRO
Na Inglaterra ninguém repara nele, aquilo lá é tudo doido.

E podemos observar, de passagem, que essa réplica, em um cenário sinistro, um cemitério, no meio de uma cena de profunda meditação, após uma troca animada de palavras e em um verdadeiro tom de comédia, devia provocar risadas do público, o que mostra o quanto se prezava a mistura dos gêneros e o quanto Shakespeare sabia desanuviar a atmosfera no momento oportuno, antes de lançar o auditório na cena pungente do funeral de Ofélia.

Para voltarmos a Cláudio, o usurpador, o criminoso, o que ele devia mais temer: um louco de verdade ou alguém que finge sê-lo? Conforme o diretor e o intérprete julguem que Hamlet está louco ou não, o sentido da peça não será o mesmo.

Cumpre reconhecer que a aparição de um pai morto que exige vingança pode perturbar o espírito. Já no fim do ato I, poderíamos pensar que Hamlet, ao mesmo tempo em que declara que vai se fingir de louco, porque adota um comportamento bizarro, já enlouqueceu. A menos que comece a perceber em si mesmo os abismos insondáveis da verdadeira loucura. No fundo, a verdadeira revelação do espectro é ele mesmo, é Hamlet. E aproveita para gabar--se um pouco do que não é, em um pugilismo de sombras (*shadow boxing*): "Há em mim algo de perigoso de que seria bom desconfiar".

É evidente que o espelho mais fiel, para o louco, são os outros. Ninguém é louco para si mesmo, a não ser por absoluta falta de amparo. Os outros são Rosencrantz e Guildenstern, que estão ali executando ordens e não sabem o que pensar; são Horácio e Ofélia, que o creem verdadeiramente *insano*, nem que seja porque ele não cumpriu suas promessas de apaixonado; é Polônio, enfim, com quem Hamlet se diverte com facilidade porque vê nele apenas um velho impertinente.

Polônio
Como está o meu bom príncipe Hamlet?

Hamlet
Bem, Deus seja louvado.

Polônio
O senhor me conhece, caro príncipe?

Hamlet
Até bem demais; você é um rufião.

Polônio
Não eu, meu senhor!

Hamlet
Que pena; me parece igualmente honesto no que faz.

Nessa cena com Polônio, situada antes do célebre monólogo e da cena com Ofélia, compreende-se facilmente que o objetivo da manobra é fingir: o rei e a rainha estão à escuta, escondidos atrás de uma tapeçaria. E não sente Hamlet um gozo particular, não isento de humor, em mostrar-se "diferente"? O mesmo acontece no momento da representação de *A ratoeira*, peça pela qual Hamlet quer pegar o rei na armadilha: diante de toda a corte reunida, ele se mostra histérico, inconveniente, desempenhando um verdadeiro papel de ator. Quando o rei manda convocá-lo para reaver o cadáver de Polônio e o submete a um verdadeiro interrogatório policial, ele prossegue sem pudor o mesmo jogo.

O Rei
Muito bem, Hamlet, onde está Polônio?

Hamlet
Na ceia.

O Rei
Na ceia! Onde?

HAMLET
Na ceia. Mas não está comendo. Está sendo comido. Um determinado congresso de vermes políticos se interessou por ele. Nesses momentos, o verme é o único imperador. Nós engordamos todos os outros seres pra que nos engordem; e engordamos pra engordar as larvas. O rei obeso e o mendigo esquálido são apenas variações de um menu – dois pratos, mas na mesma mesa; isso é tudo.

A partir desse momento, todos o tomam definitivamente por louco, e sua própria mãe não duvida mais: "Demente como o mar e como o vento que lutam para ver quem vence". Todos com exceção de Cláudio, que alimentando ainda uma legítima suspeita, estando em dúvida, como nós, despacha-o para a Inglaterra com a ordem de executá-lo.

Simulador ou realmente louco, Hamlet não precisa ser adivinho para compreender que Cláudio não tem apenas boas intenções a seu respeito, sobretudo depois que ele matou Polônio, de certo modo, em seu lugar.

O REI
Hamlet, esse ato, pra tua própria segurança,
Que nos é tão cara, sem que deixemos de lamentar
Profundamente aquilo que fizeste, nos obriga a te tirar daqui
Com a rapidez do fogo. Prepara-te, então:
O barco está pronto, o vento nos ajuda:
Acompanhantes já esperam: tudo está apontado
Pra Inglaterra.

HAMLET
Pra Inglaterra!

O REI
Você diria o mesmo, se conhecesse nossas intenções.

HAMLET
Eu vejo um querubim que as vê. – Mas vamos lá – à Inglaterra!
Adeus, querida mãe.

O REI
Teu pai que te ama, Hamlet.

HAMLET
Minha mãe. Pai e mãe são marido e mulher; marido e mulher são uma carne só; portanto, minha mãe. Vamos; pra Inglaterra!

Ele busca assim atordoar Cláudio, como quando se agita a muleta sob o focinho do touro, para fazê-lo sentir que ele, o fraco, o desprotegido, seria inteiramente capaz de atacar o poderoso, o criminoso, de desferir-lhe a estocada. Seja como for, vemos os dois combatentes separados um do outro: Cláudio, desconcertado, inquieto, e Hamlet, aliviado, embainhando novamente a espada.

Na Inglaterra, o viajante sem passagem de volta não perde seu tempo, não se deixa assassinar nem encerrar no hospício. Aproveita mesmo para desembaraçar-se dos dois espiões do rei, Rosencrantz e Guildenstern, que o mantinham sob alta vigilância. E, qual um bumerangue, ei-lo de volta à Dinamarca, acompanhado de Horácio e, ao que parece, de uma nova prudência. Não passou ele, dessa vez, realmente perto da morte? Nada de anormal, portanto, que sua meditação o conduza a um cemitério.

HAMLET
Esse crânio já teve língua um dia, e podia cantar. E o crápula o atira aí pelo chão, como se fosse a queixada de Caim, o que cometeu o primeiro assassinato. Pode ser a cachola de um politiqueiro, isso que esse cretino chuta agora; ou até o crânio de alguém que acreditou ser mais que Deus.

HORÁCIO
É, pode ser.

HAMLET
Ou de um cortesão que só sabia dizer: "Bom dia, amado príncipe! Como está o senhor, meu bom senhor?" Pode ter

sido o Lorde Tal-e-qual, que elogiava o cavalo do Lorde Qual-
-e-Tal na esperança de ganhá-lo, não é mesmo?

HORÁCIO
É, meu senhor.

HAMLET
Pode ser. E agora sua dona é Madame Verme; desqueixado e com o quengo martelado pela pá de um coveiro. Uma bela revolução, se tivéssemos capacidade de entendê-la. A educação desses ossos terá custado tão pouco que só sirvam agora pra jogar a bocha? Os meus doem, só de pensar nisso.

Essas frases poderiam ser pronunciadas por um louco? Quem afirmaria que aquele que emite pensamentos tão profundos sobre a brevidade da existência é realmente louco? De fato, tudo prova o contrário. A menos que de tempo em tempo, se ele é louco, haja um raio de lucidez... Não previne ele Rosencrantz e Guildenstern nesses termos em meio aos perigos: "Só sou louco quando sopra o vento norte-noroeste. Com vento sul, sei perfeitamente distinguir alhos de bugalhos"?

Essa lucidez será mais tarde a de Edgar, que se faz passar por louco, e do próprio Lear. Ela só pode nascer do sofrimento e uma vez atingido o maior abandono. Mas pode-se então falar de loucura? Não são os outros que são loucos, com suas torpezas, sua libido invasora, seus atos sanguinários? Não é o mundo inteiro o da loucura, uma espécie de Bedlam universal?

Absolvido, Hamlet, por falta de provas.

O teatro e o infinito

A complexidade da tragédia de *Hamlet*, que é tudo menos unívoca, está precisamente no fato de ser impossível limitar-se a um só dos temas abordados no capítulo precedente. Todos atuam juntos, e pode-se dizer que o príncipe da Dinamarca, obeso e de fôlego curto, como observa sua mãe no momento do duelo – na verdade, o ator, Burbage, era assim, e nem tão jovem, já com trinta anos, daí a idade de Hamlet –, o príncipe é duplo, homossexual e heterossexual, tem um objetivo político – afinal, é o herdeiro do trono, e o próprio Fortimbrás declara que ele teria sido um grande rei – e quer sinceramente, embora conhecendo os limites da ambição e os da vida humana, cumprir seu desejo de vingança.

Para contrabalançar, porque tem necessidade de provas, Shakespeare faz com que Hamlet imagine um estratagema que se vale do teatro: fazer representar por uma trupe de atores de passagem uma peça que ele escreveu e que reconstitui o assassinato do pai.

> HAMLET
> Ouvi dizer
> Que certos criminosos, assistindo a uma peça,
> Foram tão tocados pelas sugestões das cenas,
> Que imediatamente confessaram seus crimes;
> Pois embora o assassinato seja mudo,
> Fala por algum órgão misterioso. Farei com que esses atores
> Interpretem algo semelhante à morte de meu pai
> Diante de meu tio,
> E observarei a expressão dele quando lhe tocarem
> No fundo da ferida.
> Basta um frêmito seu – e sei o que fazer depois.
> Mas o espírito que eu vi pode ser o demônio.
> O demônio sabe bem assumir formas sedutoras
> E, aproveitando minha fraqueza e melancolia,
> – Tem extremo poder sobre almas assim –
> Talvez me tente para me perder.

> Preciso provas mais firmes do que uma visão.
> O negócio é a peça – que eu usarei
> Pra explodir a consciência do rei.

É o teatro dentro do teatro, procedimento já utilizado em *A megera domada*, onde o bêbado, Sly, introduz a ação principal, e também em *Sonho de uma noite de verão*. Shakespeare vale-se disso para nos dar uma bela lição de interpretação teatral quando Hamlet se dirige aos atores no momento de sua chegada.

HAMLET
Mas também nada de contenção exagerada; teu discernimento deve te orientar. Ajusta o gesto à palavra, a palavra ao gesto, com o cuidado de não perder a simplicidade natural. Pois tudo que é forçado deturpa o intuito da representação, cuja finalidade, em sua origem e agora, era, e é, exibir um espelho à natureza; mostrar à virtude sua própria expressão; ao ridículo sua própria imagem e a cada época e geração sua forma e efígie. Ora, se isso é exagerado, ou então mal concluído, por mais que faça rir ao ignorante só pode causar tédio ao exigente; cuja opinião deve pesar mais no teu conceito do que uma plateia inteira de patetas. Ah, eu tenho visto atores – e elogiados até! E muito elogiados! – que, pra não usar termos profanos, eu diria que não tem nem voz nem jeito de cristãos, ou de pagãos – sequer de homens! Berram, ou gaguejam de tal forma, que eu fico pensando se não foram feitos – e malfeitos! – por algum aprendiz da natureza, tão abominável é a maneira com que imitam a humanidade!

Para prosseguir um pouco mais com o "ofício", sabe-se que Shakespeare, ao fazer essa preleção aos atores com os quais partilhara a vida em turnês, ataca algumas trupes rivais, algumas delas de crianças: Royal Chapel, St. Paul, Windsor, Eton, que agradavam mais ao público refinado e lançavam na sombra os verdadeiros profissionais. É Rosencrantz quem, após ter anunciado a chegada da trupe, dá essa informação:

ROSENCRANTZ
Mas é que existe agora, senhor, uma ninhada de fedelhos, filhotes de falcão, que berram textos com a voz esganiçada e são barbaramente aplaudidos. Estão na moda, e tanto vituperam contra o que eles chamam de teatro vulgar, que muito marmanjão de espada à cinta não frequenta mais nossos teatros com medo das críticas desses plumitivos.

E Hamlet responde:

HAMLET
Mas, são crianças mesmo? E quem as mantém? São pagos como? Ficarão na profissão só enquanto têm voz? Não vão dizer depois, quando se tornarem atores comuns – o que é bem provável se não tiverem outros recursos –, que os escritores agiram mal com eles, fazendo-os agredidos seu próprio futuro?

Breve episódio, do qual já falamos, sobre a guerra dos teatros nesse começo de século.
Mas voltemos a Elsenor.
Por iniciativa de Hamlet, portanto, há um encontro no teatro essa noite quando, no final da peça dentro da peça, o nome do criminoso nos será revelado. Notemos ainda, além dos versos voluntariamente maldosos que Shakespeare põe na boca dos atores da turnê, o recurso à pantomima (*dumb show*), outro procedimento clássico frequentemente utilizado pelo teatro elisabetano, que juntava quase sempre, mesmo às peças mais dramáticas, interlúdios cantados, dançados ou de simples mímica. Aqui é evocado o próprio ato criminoso, quando o assassino, Cláudio, despeja o veneno no ouvido do irmão adormecido para depois abraçar de forma indecente a viúva. E isso funciona: o rei levanta-se, encolerizado, em plena representação, não podendo suportar a visão do crime que cometeu.

HAMLET
Oh, bom Horácio, agora eu aposto mil libras na palavra do fantasma. Você percebeu?

HORÁCIO
Muito bem, meu senhor.

HAMLET
Quando se falou no veneno...

HORÁCIO
Observei tudo.

HAMLET
Ah, ah! Venham, um pouco de música!
A peça, ao Rei,
Não lhe parece bem, bem não lhe faz –
Talvez, meu Deus, por parecer demais.
Vamos logo; a música!

Essa é uma das passagens mais impressionantes da tragédia. Pensamos na figura de Kenneth Branagh quando filmou *Hamlet*, em 1996, em um contexto da Europa central do século XIX: diante dele, uma cena em miniatura, um castelinho, onde se agitarão marionetes com fios muito visíveis, e temos a impressão de que o próprio Shakespeare está acima de Branagh, que manipula seu pequeno teatro como um brinquedo. Existirá ainda alguém acima de Shakespeare para manipular as criaturas? Uma boneca ainda maior nesse jogo de bonecas russas encaixadas uma dentro da outra? Uma criatura suprema que dispõe de nós?

A história trágica de Hamlet parece nos levar muito longe na metafísica. Apenas James Joyce não concorda com isso, ele que, em *Ulisses*, faz Stephen Dedalus dizer, antes de contar a peça à sua maneira: "Um aluno modelo acharia os devaneios de Hamlet sobre a vida futura de sua alma principesca, monólogo inverossímil, inútil e antidramático, tão vazios quanto os de Platão".

O que Shakespeare põe em *Hamlet* de tão profundamente pessoal? Pois é realmente o que nos interessa aqui: a relação entre o homem e a obra, a corrente subterrânea que o levou a produzir essa incontestável obra-prima. O nome do herói em primeiro lugar. Não é possível que a semelhança entre o de Saxo Grammaticus e o prenome de seu próprio filho, Hamnet, tenha sido involuntária. Sabemos que Shakespeare tinha por este uma afeição muito especial: de seus três filhos, era o preferido. A seguir, um outro desaparecido, seu próprio pai, John, em 1601, enterrado em 8 de setembro. Mas esse pai certamente nunca pedira ao filho para praticar uma vingança qualquer. A morte do pai, no entanto, foi uma grande tristeza para William. Falou-se também de uma recordação da infância ou da adolescência: William tinha quinze anos quando ocorreu o afogamento acidental de uma jovem, Katherine Hammlet, nas imediações de Tiddington, pequena localidade próxima de Stratford*.

Assinalando a consonância do nome, pensamos de imediato em Ofélia, que posteriormente fez a felicidade dos pré-rafaelitas com a célebre tela de Millais** em que ela é vista flutuando, inocente e pura, entre nenúfares. Ofélia que inspirou à rainha de *Hamlet*, quando descreve seu suicídio, uma das falas mais belas da peça.

> A RAINHA
> Há um salgueiro que cresce inclinado no riacho
> Refletindo suas folhas de prata no espelho das águas;
> Ela foi até lá com estranhas grinaldas
> De botões-de-ouro, urtigas, margaridas,
> E compridas orquídeas encarnadas,
> Que nossas castas donzelas chamam dedos de defuntos,
> E a que os pastores, vulgares, dão nome mais grosseiro.
> Quando ela tentava subir nos galhos inclinados,
> Para aí pendurar as coroas de flores,
> Um ramo invejoso se quebrou;
> Ela e seus troféus floridos, ambos,
> Despencaram juntos no arroio soluçante.
> Suas roupas inflaram e, como sereia,
> A mantiveram boiando um certo tempo;

---

* Auto de ocorrência de 1579, Arquivos Municipais. (N.A.)

** John Everett Millais, pintor inglês (1829-1896). (N.T.)

Enquanto isso ela cantava fragmentos de velhas canções,
Inconsciente da própria desgraça
Como criatura nativa desse meio,
Criada pra viver nesse elemento.
Mas não demoraria pra que suas roupas
Pesadas pela água que a encharcava,
Arrastassem a infortunada do seu canto suave
À morte lamacenta.

Nesse vasto pandemônio que nunca se acabaria de decifrar, talvez possamos privilegiar um personagem que se destaca por sua presença indireta, uma vez que ele não pertence mais a este mundo há muito tempo, 23 anos exatamente, e nenhum espectro aparece para evocar sua existência passada. Esse personagem é Yorick, o bufão, de quem Hamlet recolhe o crânio na poeira do cemitério, no último ato, um bufão que se resume apenas a uma caveira, que foi tantas e tantas vezes reproduzida na mão estendida de Hamlet e que simboliza, de certo modo, a peça inteira.

HAMLET
Olá, pobre Yorick! Eu o conheci, Horácio. Um rapaz de infinita graça, de espantosa fantasia. Mil vezes me carregou nas costas; e agora, me causa horror só de lembrar! Me revolta o estômago! Daqui pendiam os lábios que eu beijei não sei quantas vezes. Yorick, onde andam agora as tuas piadas? Tuas cambalhotas? Tuas cantigas? Teus lampejos de alegria que faziam a mesa explodir em gargalhadas? Nem uma gracinha mais, zombando da tua própria dentadura? Que falta de espírito! Olha, vai até o quarto da minha grande Dama e diz a ela que, mesmo que se pinte com dois dedos de espessura, este é o resultado final; vê se ela ri disso!

Esse crânio foi exumado, no sentido próprio do termo, por um colega, o coveiro, que atua também como um *clown*. Está evidentemente ali para fazer rir e exprime-se com o sotaque *cockney*, o que devia encantar os espectadores do subúrbio. "Que o diabo carregue esse maldito louco! Um dia despejou uma garrafa de vinho do Reno em minha cabeça."

Mas sua posição, no cômico, é bem inferior à daquele cujo crânio exibe, pois Yorick tinha seu lugar na corte, e um lugar de destaque, como Triboulet junto a Francisco I da França.

Bufões, ou loucos, são de fato uma bela invenção da realeza em todas as épocas. Shakespeare e muitos outros autores serviram-se abundantemente deles, já que são muito úteis: contando com a impunidade, faz-se com que eles digam tudo o que os outros não teriam o direito de enunciar. "Sua função", diz justamente Jan Kott, "é a desintegração." Além disso, eles divertem o público, sempre à espera de uma piada ou de um dito espirituoso, ou sempre ávido de ver rebaixados os poderosos; para o autor, é um verdadeiro prazer servi-los.

Contudo, eles também têm um papel social, o que os transforma, paradoxalmente, em campeões da democracia. Como o bispo* do jogo de xadrez que está postado ao lado do rei e da rainha e que avança em diagonal, eles criticam e ensinam, ironizam e vilipendiam, fazendo eventualmente evoluir a ação. Feste em *Noite de Reis*, Touchstone em *Como gostais*, Jacques, mais melancólico, na mesma peça – Jacques, primo próximo de Hamlet –, cumprem essa função. São tagarelas, mais tagarelas que Carlitos, que desempenha, mudo, o mesmo papel no começo de nossos tempos modernos.

Filósofos acima de tudo, são condutores de almas, como o Louco de *O rei Lear*, que parece estar ali apenas para guiá-lo rumo a seu destino pessoal e desaparece tão logo cumprida a tarefa, após o simulacro de processo das filhas de Lear, que levaram o pai à desgraça: quem preside esse tribunal fictício, diante dos banquinhos que representam os culpados, é o Louco, único apto a julgar, embora tendo que lidar com um falso louco, Edgar, e um verdadeiro, Lear. Ele não faria má figura em alguns tribunais atuais. Além disso, é um Louco que canta, com palavras um tanto ousadas:

---

* Em francês, essa peça é chamada *fou* (louco). (N.T.)

O Louco
Quem cuida mais da braguilha
Do que da própria virilha
Terá piolhos à beça
Na cabeça e na... cabeça.
Quem cuida mais do dedão
Do que do seu coração
Não dormirá mais, traído
Por um calo dolorido.

Ele canta, mas julga também, depositário do Bem e do Mal, o menos louco dos três. Aliás, a despeito da brevidade de seu papel, ele é uma espécie de demiurgo, ou melhor, de espelho vivo, que mostra a quem ele reflete, de maneira implacável mas fiel, seus defeitos, as faltas cometidas, assim como seu futuro mortal. Às vezes fere, pois nada esconde. E sabe tudo a respeito de tudo.

O Louco
Esplêndida noite, capaz de esfriar até uma cortesã!
Antes de ir embora vou fazer uma profecia:
Quando os padres só falarem o que exalte
Cervejeiros não puserem água no malte
As damas ensinarem honra às freiras
Homem de bem não ficar engalicado
Só ficarem os que andam com as rameiras
Não houver cavalheiro endividado
Nem escudeiro vivendo na miséria
Todo processo for bem processado
Não existir intriga deletéria
Nem amigos do alheio no mercado.
Avarentos contarem o dinheiro à luz do dia
Decaídas e devassos não estiverem
No mais alto grau da hierarquia
Aí este reino de Albion*
Vai ser só o que é bom
Será esse o tempo, quem viver verá,

---

* Nome dado pelos antigos à Grã-Bretanha. (N.T.)

Em que para andar, os pés se usará.
Merlino fará esta profecia, um dia, pois eu vivo antes do seu tempo.

Imaginemos que todos esses loucos, felizmente mais sensatos que os de Bedlam, reúnem-se em volta da sepultura de Yorick e de seu crânio, que Hamlet manuseia com as mãos ainda guarnecidas de carne, mas por quanto tempo? Eles não trazem a morte, pois, ao contrário, estão aí para distrair, não trazem a morte porque provocam o riso, que é a vida mesma, porém a anunciam. Sem rodeios e sem aviso prévio. São os mensageiros da morte, desembaraçando seu mestre de todos os falsos ouropéis com que se enfeita, de todos os guizos da vaidade e de muitas de suas preocupações, a maioria delas sendo apenas ilusórias. Espelhos, mais uma vez, obrigam-no a olhar para si mesmo quando ele existia apenas sob o olhar de outrem, geralmente cortesão. São os reveladores absolutos da pessoa e desta verdade imutável: somos todos mortais.

E o monólogo de Hamlet no cemitério é, por assim dizer, o correspondente simétrico ou a sequência lógica de *To be or not to be*.

> HAMLET
> Ser ou não ser – eis a questão.
> Será mais nobre sofrer na alma
> Pedradas e flechadas do destino feroz
> Ou pegar em armas contra o mar de angústias –
> E, combatendo-o, dar-lhe fim? Morrer; dormir;
> Só isso. E com o sono – dizem – extinguir
> Dores do coração e as mil mazelas naturais
> A que a carne é sujeita; eis uma consumação
> Ardentemente desejável. Morrer – dormir –
> Dormir! Talvez sonhar. Aí está o obstáculo!
> Os sonhos que hão de vir no sono da morte
> Quando tivermos escapado ao tumulto vital
> Nos obrigam a hesitar: e é essa reflexão
> Que dá à desventura uma vida tão longa.
> Pois quem suportaria o açoite e os insultos do mundo,

> A afronta do opressor, o desdém do orgulhoso,
> As pontadas do amor humilhado, as delongas da lei,
> A prepotência do mando, e o achincalhe
> Que o mérito paciente recebe dos inúteis,
> Podendo, ele próprio, encontrar seu repouso
> Com um simples punhal? Quem aguentaria fardos,
> Gemendo e suando numa vida servil,
> Senão porque o terror de alguma coisa após a morte –
> O país não descoberto, de cujos confins
> Jamais voltou nenhum viajante – nos confunde a vontade,
> Nos faz preferir e suportar os males que já temos,
> A fugirmos pra outros que desconhecemos?
> E assim a reflexão faz todos nós covardes.
> E assim o matiz natural da decisão
> Se transforma no doentio pálido do pensamento.
> E empreitadas de vigor e coragem,
> Refletidas demais, saem de seu caminho,
> Perdem o nome de ação.

Esse monólogo, majestoso, evoca as torpezas do mundo e a única maneira lógica de opor-se a elas: o suicídio. O primeiro monólogo de Hamlet, no ato I, também o evoca, é uma obsessão. Mas o que ele faz ante o crânio de Yorick denuncia a fragilidade da existência humana e a vaidade de toda pretensão a simplesmente existir. "Sei que nada dura! Saber isso!", diz Calígula na peça epônima de Albert Camus. Hamlet tomou uma decisão. Ele sabe agora que depois da morte não há nada: de nós restam apenas os ossos. Após essa tomada de consciência, que não é uma revelação, mas sim o fruto de uma longa evolução pessoal, Hamlet pode marchar tranquilamente em direção à morte, da qual doravante não espera nem teme nada. Um pouco responsável também, apesar de tudo, pela morte de Ofélia, sepultada logo após a sequência do "pobre Yorick".

Hamlet vai em direção ao fim e sabe disso. "Tolice, é claro, mas tenho uma espécie de pressentimento que perturbaria uma mulher", ele confia a Horácio. De todo modo, a morte já estava lá, presente nos meandros de Elsenor e por ocasião de sua viagem à Inglaterra, quando escapou por milagre. E Hamlet dirá: "Não há um pardal que caia sem uma ordem do céu. Se é hoje, não é amanhã, se não é amanhã, é hoje. Seja como for, acontecerá. O importante é estar preparado".

E ele está. Não tem mais bufão para fazê-lo rir, e sua juventude partiu com Yorick.

Digamos, para terminar este capítulo, que se pode concordar com Stephen Dedalus e dizer que a filosofia de Hamlet, como tudo o que está marcado pelo bom senso, aproxima-se muito do lugar comum. O principal mérito de Shakespeare, com seu talento fortalecido pela maturidade, é tê-lo juntado em algumas fórmulas impressionantes, algumas das quais entraram no *common speech* como aforismos universais, por exemplo: "Há algo de podre no reino da Dinamarca", ou: "Palavras! Palavras! Palavras!", e numa linguagem de uma virtuosidade estupenda, em que cada verso, ou quase, lança luzes formidáveis sobre a natureza humana, quer se trate de reis, de príncipes ou de pessoas completamente comuns.

Shakespeare e o sobrenatural

A partir de 1603, como dissemos, Shakespeare e Companhia são promovidos, juntamente com Jaime VI da Escócia, que os nomeou Comediantes do Rei: Jaime sucede a Elizabeth por filiação normal – ele é o filho de Mary Stuart –, e os Stuart aos Tudor. Seu reinado, até 1625, sob o nome de Jaime I, não será brilhante, pois atrairá a antipatia dos ingleses não apenas por ele não ser inglês, mas também por impor autoritariamente uma vida dura aos súditos e por praticar de modo indistinto, sob a influência de conselheiros mal-amados como Somerset e Buckingham, uma perseguição feroz a católicos e puritanos.

Seja como for, ei-lo rei da Inglaterra, da Irlanda – sempre muito recalcitrante –, e da Escócia, onde nasceu, em Edimburgo. Shakespeare, a fim de agradecer ao rei pela promoção da trupe e pela distinção que lhe foi dada pessoalmente, a de fidalgo da Câmara, assim como em um gesto de pura cortesia na qual não haveria nenhuma adulação – bem-estabelecido, com suas peças representadas muitas vezes na corte, ele há muito superou essa fase, e os atores praticamente não têm mais a má reputação de dez ou vinte anos atrás –, Shakespeare oferece ao novo rei, escocês, *A tragédia de Macbeth*, que se passa justamente na Escócia. Como o Stuart parece ser um apreciador de histórias de feiticeiras, ele lhe apresenta várias já no prólogo da peça: será a única vez em sua obra. Claro que não acontece sob um sol brilhante, mas em uma charneca deserta, com o acompanhamento obrigatório de raios e trovões, podendo-se acrescentar rajadas de vento e algumas corujas assustadas no fundo do cenário.

PRIMEIRA FEITICEIRA
Quando nos encontraremos as três, uma próxima vez? Ao som dos trovões, à luz dos relâmpagos, em meio à chuvarada?

SEGUNDA FEITICEIRA
Quando o tumulto tiver passado, quando estiver perdida e vencida a batalha.

TERCEIRA FEITICEIRA
Isso se dará antes do pôr do sol.

PRIMEIRA FEITICEIRA
Em que lugar?

SEGUNDA FEITICEIRA
No pântano.

TERCEIRA FEITICEIRA
Onde nos encontraremos com Macbeth.

PRIMEIRA FEITICEIRA
Não deixarei de comparecer, cinzento gato meu.

SEGUNDA FEITICEIRA
Estou indo. Meu sapo está a coaxar:

AS TRÊS
O belo é podre, e o podre, belo sabe ser;
Ambos pairam na cerração e na imundície do ar.
Elas desaparecem.

Após essa entrada crepuscular, vemos passar o rei Duncan e sua comitiva, isto é, praticamente todos os personagens que terão um papel a desempenhar no desenrolar da ação: Macduff, Malcolm, Donalbain, Lennox. Depois, em outro lugar, Macbeth, de volta de um combate em que sufocou uma revolta, cavalgando tranquilamente em companhia de Banquo e de seus homens.

Algumas observações sobre o ambiente acrescentam-se ao cenário, em uma cena – vale lembrar – tão despojada quanto a própria charneca.

MACBETH
Tão feio e tão lindo, dia assim eu nunca tinha visto.

Quanto aos cavalos, os animais vivos eram raros no teatro, eles são simbolizados por uma simples gualdrapa ou, então, por uma vassoura com saia e cestos, que os atores manipulam como verdadeiros cavaleiros.

As feiticeiras aparecem de improviso, como todas as feiticeiras.

BANQUO
O que são essas figuras, tão murchas e claudicantes e tão fantásticas e desvairadas em seus trajes a ponto de não parecerem habitantes da Terra e, no entanto, podemos ver que estão sobre a terra? Vivem, vocês? Ou seriam vocês alguma coisa que não admite perguntas humanas? Vocês parecem entender-me, logo levando, como fazem, cada uma por sua vez, seu dedo encarquilhado aos lábios emaciados. Vocês têm toda a aparência de mulheres e, no entanto, suas barbas proíbem-me de interpretar suas figuras como tal.

MACBETH
Falem, se é que sabem falar: o que são vocês?

Elas fariam melhor se ficassem caladas. O que proferem, então, é a funesta predição que fará *Lady* Macbeth conceber um projeto quando seu esposo lhe relatar o fato em uma carta. Pois essas feiticeiras não são apenas um mau encontro: elas anunciam o futuro e também acionam o motor da tragédia.

PRIMEIRA FEITICEIRA
Salve, Macbeth; saudações a vós, barão de Glamis.

SEGUNDA FEITICEIRA
Salve, Macbeth; saudações a vós, barão de Cawdor.

TERCEIRA FEITICEIRA
Salve Macbeth, aquele que no futuro será rei.

Ora, se conde de Glamis é de fato o título de Macbeth, Cawdor ainda vive, assim como o rei, Duncan. A predição dirige-se igualmente a Banquo e sela, de certo modo, seu destino.

> PRIMEIRA FEITICEIRA
> Menos importante que Macbeth, e mais poderoso.
>
> SEGUNDA FEITICEIRA
> Menos feliz e, no entanto, muito mais feliz.
>
> TERCEIRA FEITICEIRA
> Filhos teus serão reis, embora tu não o sejas.
> Assim sendo... Salve, Macbeth! E salve, Banquo!
>
> PRIMEIRA FEITICEIRA
> Banquo e Macbeth, salve!

Ficamos sabendo pouco depois que Cawdor será julgado, certamente executado, e perderá seu título, que caberá a Macbeth em recompensa pelos serviços prestados. Depois das duas primeiras, resta a terceira predição, a que evoca a realeza. Macbeth começa a refletir seriamente sobre isso.

> MACBETH
> Duas verdades foram ditas, como alegre Prólogo ao prometido e imperioso Ato de imperial tema. – Agradeço-vos, cavalheiros. – Essa sedutora, sobrenatural proposta não pode ser maléfica; não pode ser decente. E se for maléfica? Por que me deu um sinal de sucesso futuro, inaugurando-o com uma verdade? Sou o barão de Cawdor. E se for decente? Por que me rendo a tal sugestão, cuja horrível imagem descabela-me e incita meu coração sereno a escoicear minhas costelas, contra os costumes da Natureza? Os temores do presente são menores que as horríveis figuras da imaginação. Meu pensamento, este que em si acolhe um assassínio não mais que fantasioso, sacode de tal maneira o reino de minha condição humana e única, que toda ação fica asfixiada em conjeturas, e nada mais existe, a não ser o que não existe.

Quanto a Banquo, ele quer duvidar ainda. A predição que lhe foi feita não é muito clara.

> BANQUO
> Mas é estranho, porque muitas vezes, no intuito de conduzir-nos até a destruição, os instrumentos de Satã contam-nos verdades, cativam-nos com insignificâncias claramente honestas, só para trair-nos em consequências as mais profundas.

Conhecemos a sequência: Duncan assassinado por seus hóspedes, os primeiros lamentos de Macbeth com as mãos manchadas de sangue, a histeria de sua mulher, que o incitou ao crime, tudo em um grande tumulto que faz pensar que, quando se produz um grave acontecimento, o universo inteiro fica sabendo.

> LENNOX
> Esta noite foi turbulenta. Onde dormimos, a ventania derrubou as chaminés. E (como dizem) ouviram-se lamentações no ar da noite, estranhos gritos de morte, e profecias, de tétricas pronúncias, de medonhas combustões, de eventos caóticos, recém-saídos da casca, trazidos à luz em tempos infaustos. A coruja, obscuro pássaro, queixou-se a noite inteira. Dizem alguns que a terra estava febril, e estremecia.

Ouvem-se os mesmos sons, como um sino de alarme, em *Júlio César*, quando Calpúrnia tenta dissuadi-lo de ir ao Capitólio nos Idos de março.

> CALPÚRNIA
> César, eu nunca dei importância a presságios, mas agora eles me aterrorizam. Tem um, além dos que já vimos e ouvimos, que reconta as visões mais horripilantes já vistas por um sentinela. Uma leoa deu cria nas ruas, e túmulos se abriram e botaram para fora os seus mortos; guerreiros ferozes, flamejantes, enfrentam-se nas nuvens, em tropas e esquadrões, nas formações corretas de guerrear, fazendo cair uma garoa de sangue sobre o Capitólio; o barulho da batalha zunia no

> ar, cavalos relinchavam e homens à beira da morte gemiam, e fantasmas soltavam gritos estridentes, guinchos penetrantes pelas ruas. Ah, César, essas criaturas estão além de qualquer coisa normal. E delas eu tenho medo.

Shakespeare era supersticioso? Como todo mundo, poderíamos dizer.

Em Londres, a superstição corria solta pelas ruas. Como se essa metrópole, crescendo desmedidamente com a chegada de novas populações, contivesse em seus muros, em suas ruelas e até em seus palácios o peso dos inúmeros crimes que ali foram cometidos e que continuavam a sê-lo cada dia.

À margem do Tâmisa, a Torre erguia permanentemente sua sombra sinistra, e os londrinos não podiam esquecer quantas vítimas fizera o machado do carrasco, quantas cabeças coroadas haviam sido cortadas. Mesmo os grandes incêndios, como o mais terrível, em 1666, mesmo as epidemias recorrentes de peste não eram suficientes para apagar ou fazer recuar no tempo os crimes cometidos em nome da razão de Estado ou por um simples capricho.

Mas e as feiticeiras? Quem poderia afirmar racionalmente que elas existem? Quem se deparou com elas? Talvez não haja necessidade de remontar até o Renascimento nem a Shakespeare, cujo pano de fundo de caráter camponês, tão poético em *Sonho de uma noite de verão*, comportava possivelmente uma dose suplementar de credulidade: há muitas histórias de feiticeiras nos campos! Épocas mais recentes, como a nossa, mostraram, e mostram ainda, o quanto elas podem ser atraentes e capazes, se não governam nossas vidas, de excitar nossa imaginação. A memória coletiva está impregnada delas.

Verdadeiro fenômeno de sociedade, o sucesso planetário de *Harry Potter*, cujo original nasceu, é claro, de uma pena britânica, constitui uma prova suplementar do interesse pelo sobrenatural. Feiticeiros e feiticeiras, esses mestres da vassoura, têm agora uma escola, tradições, um herói que atravessa inúmeras e surpreendentes peripécias. Maniqueístas como o diabo, livros e filmes disputam na manipulação do Bem e do Mal, para fazer de sua luta ancestral verdadeiras epopeias que encantam adultos e crianças, espectadores enfeitiçados.

A festa de Halloween, importada da França, é outro exemplo. Porém, se quisermos remontar algumas décadas no tempo, poderemos lembrar que a fantasmagoria sempre foi popular, às vezes sob a forma de comédia. O cineasta René Clair deu o tom ao produzir *Ma femme est une sorcière*, que deu origem a um seriado na televisão muito famoso: *Ma sorcière bien-aimée*. Mais recentemente, a série *Charmed* manteve eletrizados espectadores de todas as idades.

O mesmo acontece com os fantasmas. Entre os antepassados, citemos o encantador e sentimental *Sylvie et le fantôme*, com Odette Joyeux, *Fantôme à vendre*, também de René Clair, história de um castelo escocês que acaba, com todos os tijolos transportados, nos Estados Unidos, *Brigadoon*, também ambientado na Escócia, comédia musical americana em que Gene Kelly conhece a população de uma aldeia que tem o direito de voltar à vida apenas uma vez por século, ou ainda o célebre *Fantasma da Ópera*. Mais perto de nós, Gasparzinho, personagem de histórias em quadrinho, e os ectoplasmas devastadores caçados por Bill Murray em *Os caça-fantasmas* somam-se a esses exemplos, mostrando o excelente material dramático – ou cômico – que o tema oferece universalmente.

Em *Macbeth*, para voltarmos a Shakespeare, a segunda aparição das feiticeiras, no começo do ato IV, faz intervir precisamente o além-túmulo, depois que o espectro de Banquo – um espectro mais célebre, com o tempo, do que o personagem – aparece durante um banquete para o qual não foi convidado: Macbeth também teve que mandar assassiná-lo, pois uma linhagem de reis lhe fora prometida. As três feiticeiras são repreendidas por Hécate, sua padroeira, por terem sido tagarelas: belíssima cena de atmosfera junto ao caldeirão que é, como sabemos, juntamente com a vassoura, o instrumento da corporação.

PRIMEIRA FEITICEIRA
Três vezes miou o gato malhado.

SEGUNDA FEITICEIRA
Três vezes e uma mais choramingou o ouriço.

TERCEIRA FEITICEIRA
E, gritando, encontra-se Harpia: "Está na hora! Está na hora!"

PRIMEIRA FEITICEIRA
Ao redor do caldeirão dançamos.
Entranhas envenenadas dentro dele jogamos.
Sapo, tu que dormiste sob a pedra fria
trinta e uma noites, trinta e um dias,
tu que geraste uma peçonha suada,
és o primeiro a ferver na panela encantada.

TODAS AS TRÊS
Em dobro, em dobro, muito azar e muito esforço,
Borbulha, caldeirão, ferve e referve no teu fogo.

Para se redimirem, embora permanecendo enigmáticas, as três feiticeiras fazem aparecer a Macbeth, tomado de aflição, primeiro o fantasma de uma criança ensanguentada: "Nenhum ser nascido de uma mulher poderá fazer mal a Macbeth". Depois, o de uma criança coroada: "Macbeth nunca será vencido enquanto a floresta de Birman não marchar contra ele". Enfim, quando Macbeth começa a tranquilizar-se – como poderia uma floresta marchar? –, elas fazem surgir toda a descendência de Banquo e o próprio Banquo, com um espelho na mão. Ninguém jamais compreendeu o significado desse espelho, mas não estaria ele simplesmente ali para mostrar a Macbeth seu rosto de assassino?

Ficamos sabendo que seu rival, Macduff, que brandirá finalmente a cabeça do culpado na ponta de uma lança, foi arrancado, antes do tempo, do ventre de sua mãe; depois, que suas tropas avançam dissimuladas sob as folhagens cortadas da floresta de Birnam. As feiticeiras, após terem predito a verdade, induzem o criminoso ao erro para melhor conduzi-lo à perdição. De todo modo, o sobrenatural é o mais forte.

Eugène Ionesco deu uma versão muito pessoal dessas três extraterrestres. Escrito na segunda parte de sua carreira, seu *Macbett*, encenado por Jacques Mauclair e depois, na televisão, por Jacques Trébouta, segue de perto o original shakespeariano, com a diferença de dois detalhes: Macbett e Banquo são representados pelo mesmo ator, Pierre Vaneck. Por outro lado, certamente inspirado pelo *Show! Show! Show!* que elas sussurram em coro no momento da aparição dos espectros, ele faz representar as três bruxas por três atrizes encantadoras – uma delas era Brigitte Fossey – que fazem um *strip-tease* em cena, abandonando seus ouropéis, aparecendo na mais simples nudez, mas com uma estrela dissimulando a ponta dos seios, pois a época, anos setenta, ainda não era totalmente liberada. É certo que essa deliciosa iniciativa atenuava em muito o horror dos crimes de Macbeth e a atmosfera mórbida da peça, transformada, com Ionesco, em uma espécie de ópera-bufa ou, pelo menos, de tragicomédia.

Infelizmente, não é o que vemos em *Ricardo III*, peça relacionada a *Henrique VI*, na qual ficamos na mais absoluta escuridão. Contudo, Shakespeare provavelmente lembrou-se desse grande sucesso quando deu novamente vida, algumas horas antes da batalha de Filipos, a Júlio César assassinado por Brútus. Como para as feiticeiras de *Macbeth*, como para o pai de Hamlet que vem exigir vingança, não são boas as notícias trazidas pelo espectro de César: há uma desforra no ar.

> **BRÚTUS**
> Queima mal, este círio que não ilumina! – Quem vem lá? – Acho que meus olhos é que estão fracos, e moldam essa monstruosa aparição. Que vem para cima de mim. – És tu alguma coisa? Um deus, um anjo, ou algum demônio, para fazer meu sangue gelar e meu cabelo ficar em pé e meus pelos se arrepiarem? Fala comigo, diz quem tu és.

CÉSAR
Teu lado ruim, Brútus.

BRÚTUS
Por que vieste?

CÉSAR
Para te dizer que vais me encontrar em Filipos.

BRÚTUS
Mas então vou enxergar-te de novo?

CÉSAR
Sim, em Filipos.

BRÚTUS
Muito bem; eu te vejo em Filipos, então. Agora que eu estava criando coragem, tu me desapareces. Mau espírito, eu teria conversado mais tempo contigo.

O espectro de César desaparece.

Mais do que um cômodo procedimento teatral, talvez Shakespeare, o poeta, sentisse uma espécie de prazer maligno em concretizar assim o imaterial e em dar voz aos mortos, como já o fizera com o espectro de *Hamlet*. Certamente, ele recordou o estremecimento do público a cada nova aparição – suponhamos que as trucagens deviam ser excelentes. Retomando um procedimento usado em *Ricardo III* na véspera da batalha final de Bosworth – a cena também se passa antes de uma batalha, como se os poderes do alto tivessem algo a dizer sobre a conclusão desta –, ele se diverte em trazer de volta, para equilibrar as coisas, cada uma das vítimas do rei maldito, e não é pouca gente.

Vejamos a cena. Ela se divide em duas. À nossa esquerda – não podemos empregar os termos "pátio" e "jardim", que pertencem ao teatro francês –, à nossa esquerda, portanto – mas podemos pensar em um ringue onde os boxeadores se aquecem saltando no mesmo lugar e golpeando o ar com seus punhos enluvados –, à esquerda, dizíamos, está a tenda de Ricardo. À direita, a de Richmond, futuro Henrique VII, futuro vencedor por nocaute. Ambos estão cercados de seu estado-maior. A ação desenrola-se de um lugar a outro e é entre as duas tendas – *between the two tents* – que se produzem as aparições, dirigindo-se alternadamente aos dois adversários.

Por ordem de entrada em cena: o príncipe Eduardo, filho de Henrique VI, apunhalado; o próprio Henrique VI, idem; Clarence, morto afogado em um tonel de malvasia; depois, Rives, Grey, Vaugham, decapitados; depois, Hastings e os sobrinhos sufocados na Torre; depois *Lady* Ana, a esposa forçada; e, para terminar, Buckingham, que censura o rei de tê-lo espoliado. Cada um maldiz Ricardo e encoraja Richmond a alcançar a vitória: os elementos nocivos devem desaparecer para sempre. Após transmitirem sua mensagem, os espectros evaporam-se, como de hábito. Ricardo, na tenda, desperta do que julga ser um pesadelo.

> RICARDO
> Tragam-me outro cavalo! Fechem minhas feridas! Tende piedade, Jesus! ...Calma, era só um sonho. Ah, consciência covarde, como tu me afliges! As luzes estão azuladas; e agora é meia-noite em ponto. Um suor gelado e pavoroso gruda-se na minha carne trêmula. Tenho medo do quê? De mim mesmo? Não tem mais ninguém aqui. É Ricardo gostando de Ricardo, isso sim: eu e eu também. Tem algum assassino aqui? Não. Sim, sou eu! Então fuja. Mas, o quê, de mim mesmo? É um bom motivo: para que eu não me vingue? Mas, o quê, vingar-me eu de mim mesmo? Ai de mim, eu me amo. Mas, por quê? Por algum ato de bondade que eu tenha ofertado a mim mesmo? Ah, não, ai de mim, eu me odeio pelos atos odiosos por mim cometidos.

Teria então Ricardo uma consciência, mesmo mascarada pelo medo de si mesmo? A aparição dos espectros, essa teoria de suas vítimas que busca fazê-lo perder a coragem antes da batalha, não seria uma forma de remorso? De um modo mais geral, não seria esse convite ao arrependimento, tanto em *Macbeth* quanto em *Júlio César* e *Ricardo III*, a característica e a dominante de todas as intervenções do além? Não, o destino desses seres criminosos está traçado desde muito tempo. E, se os dados estão viciados, é por forças superiores que não têm necessariamente boas intenções.

Ricardo representa um caso extremo na obra de Shakespeare, embora Iago, *Lady* Macbeth, Aarão em *Tito Andrônico*, e Regane, a filha mais velha de Lear, não sejam tampouco modelos a seguir. Ricardo é intrinsecamente mau. Ele próprio nos adverte, já na primeira cena, que não contem com ele para mostrar equidade ou grandeza de alma. Dele nada se deve esperar de bom. Nunca.

Todavia, coloquemo-nos em seu lugar e mesmo, se pudermos, em sua pele. A natureza dotou esse bastardo de um físico abominável: baixo, corcunda, coxo, feio de rosto, na impossibilidade de seduzir ou ser amado por quem quer que seja: é Quasímodo. Mas sem a alma pura e ingênua deste último, nem um verdadeiro amor para corrigir o negrume da sua. Desprezado por todos, cumulado de injúrias, em particular pela rainha Margarida desde o primeiro ato – "Aborto diabólico, porco ávido! Tu, marcado desde o nascimento para ser o escravo da natureza e o filho do inferno! Tu, injúria à dolorosa gravidez de tua mãe! Tu, maldito resultado dos instintos de teu pai! Tu, farrapo da honra!" –, tudo que ele traz dentro de si é o ódio, com seu cortejo de inveja, ciúme, irritabilidade, provocando inevitavelmente a maleficência, excluindo-se ele próprio, ou excluído por ela, da sociedade das pessoas sadias e normais, se existem: quantos obstáculos a superar!

Além disso, ele ama a guerra, o tempo de paz lhe pesa. Portanto, não tem outra solução senão declará-la e nenhum outro futuro senão aquele oferecido pela ambição mais alta: a coroa. Para obtê-la, vai cometer nem mais nem menos delitos que todos os seus predecessores e sucessores: o caminho há muito está traçado. Só que ele dirá abertamente, em voz alta, o que faz – o que "malfaz", seria mais exato –, substituindo a cautela, a hipocrisia – se excetuarmos sua falsa modéstia no momento de ser coroado – e a simples diplomacia, essa tartufice, pelo cinismo.

Assim, ele nos oferece uma imagem em relevo, claramente exposta, não apenas dos que são ávidos de poder, mas também da espécie humana inteira, que oculta em seu seio, na maioria das vezes invisíveis, raramente desmascarados, mesmo aos olhos da lei, indivíduos perversos, sádicos, alienados puros e simples, como nos demonstram diariamente inúmeros genocídios na escala do universo ou a simples crônica policial na imprensa, e em torno dos quais ergue-se um pudico muro de silêncio.

O caso de Ricardo leva evidentemente a interrogarmo-nos sobre a capacidade de um autor de buscar no âmago de si mesmo o material necessário para compor tal caráter. Purgação de um autor dotado de um cinismo igual ao que descreve? Pode ele contar e mostrar em num personagem tanta crueldade e violência com tal indiferença, com tal insensibilidade, ou conserva no fundo de si mesmo, como acabamos de indicar, alguma comiseração pelo monstro que criou?

É precisamente graças ao sobrenatural, à utilização que faz dele, e graças à sua lucidez, como também à sua indulgência ante aqueles ou aquelas com os quais se confronta, que Shakespeare ultrapassa essa problemática. Alguns quiseram ver, nessa empatia que lhe era simplesmente natural, uma manifestação de seu espírito cristão. É possível: ele nunca quis renunciar, como dissemos, à sua fé original, à de seu pai. Tendo permanecido católico, casou-se e foi enterrado na igreja, onde todos os seus filhos foram batizados. Mas isso sem estreiteza de espírito, em uma benevolente consideração do universo, material ou espiritual, do qual a fé, afinal, faz parte.

Um dos maiores teóricos do teatro, Gorgon Craig*, exprimiu muito bem, referindo-se às três peças que acabamos de mencionar, a imensa capacidade desse autor de elevar-se

---

* Autor de *A arte do teatro*, Edward Gordon Craig (1872-1966) era partidário de um teatro total. Sua encenação de *Hamlet*, no Teatro Artístico de Moscou dirigido por Stanislavski, tornou-o célebre. Muitos diretores teatrais contemporâneos inspiraram-se nele, em particular Antoine Vitez. (N.A.)

acima do conflito entre as pessoas, de extrair dele, se não uma moral – Shakespeare não moraliza –, ao menos uma constatação de humanidade. Eis o que ele escreve, em um texto citado por Jean-Jacques Mayoux, em seu *Shakespeare*:

> Fantasmas ou espíritos, Shakespeare fez deles o centro de seus vastos sonhos e o ponto central de um sonho, como de uma figura geométrica circular, que governa e condiciona o menor ponto da circunferência. Considerem peças como *Hamlet, Macbeth, Ricardo III*. O que lhes infunde seu mistério e terror supremos, que as eleva acima de simples tragédias da ambição, do assassinato, da loucura, da derrota? Acaso não é esse elemento sobrenatural que domina a ação do princípio ao fim, essa fusão do material e do místico, esse sentido de figuras à espera, intangíveis como a morte, misteriosos rostos sem traços que parecemos entrever ao olhar de lado, muito embora, se nos voltarmos, não vejamos nada?

Os mistérios de Londres

É bastante difícil, como se observou ao longo dessas diferentes abordagens do homem e da obra, situar Shakespeare nas diferentes fases de sua existência, assim como nessa época turbulenta. Era ele o alegre companheiro capaz de escrever, num abrir e fechar de olhos, comédias desconcertantes que divertiam os atores da trupe antes de encantar o público? Aqui, conhecemos o contexto: tavernas, vida de boemia, bebedeiras, comezainas, quando havia meios para tanto. Às vezes sem vintém, outras vezes com a bolsa cheia de guinéus, de que todos se aproveitam. É a sociedade elisabetana tal como a imaginamos, livre, truculenta, amante dos prazeres, com seus grandes perigos e seus momentos de alegria, às vezes cruel, porém generosa, em todo o caso viva.

Era ele o bom pai de família, reservado quanto à vida privada e relativamente ajuizado no plano dos amores, preocupado antes de tudo em fazer bons investimentos que assegurariam seu futuro e, contentando a esposa, o de sua família? É o que Jan Kott exprimiu de forma bastante crua: "De tudo o que sabemos de Shakespeare, só uma coisa é certa: era entendido em casas e sabia comprar". Mostrou-se ele um hábil cortesão – se não cortesão, pelo menos capaz de ajustar-se às modas do tempo e do poder –, adulando e divertindo uma rainha, mais tarde um rei, quando a ocasião se apresentava? Isso acontece em todas as épocas.

Pensava ele, como veremos que o fez, em retirar-se em Stratford no final de uma carreira bem realizada, como um bom artesão que se aposenta ao chegar a idade e abandona ferramentas e companheiros de ofício? Ou, ainda, já que o todo contém a parte: era ele um ser múltiplo, sobretudo por sua sexualidade, ávido de muitas experiências diferentes que, como para cada criador, a quem nada de humano é alheio, alimentavam, todas, sua inspiração?

Impressionados pela riqueza e pela variedade de seu teatro, assim como pela sutileza de sua poesia, a lógica nos levaria a responder que ele foi tudo isso ao mesmo tempo, fazendo assinalar a inteligência superior da qual sem dúvida nenhuma era dotado, para ter escrito em um mesmo impulso, sem nunca ou quase nunca perder em qualidade, todos esses milhares de versos incomparáveis, inventado todos esses personagens arquetípicos, produzido, e em prazos geralmente muito curtos, algumas das maiores obras-primas da arte dramática de todos os tempos, mesmo as mais complexas e as que parecem mais elaboradas. Mas, juntando o labor à facilidade, que trabalhador! Chegou mesmo a dar uma mão, sem resmungar, a seus colegas autores.

Se Shakespeare existiu sob a forma de um ou outro dos personagens que enumeramos, boêmio, burguês, pai de família, cortesão, ou todos ao mesmo tempo, ele certamente vivia apenas – embora em contato direto com sua época e alimentando-se dela, em vez de ser importunado por ela – para escrever. Um grafômano, mas sem traço pejorativo, que encontrava sua felicidade no fluxo de imagens, de situações engraçadas ou dramáticas, na invenção de personagens que se apresentavam a todo instante a seu espírito. Os versos vinham-lhe naturalmente, espontâneos, cadenciados, como dissemos, ou uma prosa fluida, com aquele aspecto particular do novo, da originalidade. A concorrência, por outro lado, o estimulava: ele precisava fazer melhor que Marlowe, Fletcher, Middleton, melhor mesmo que seu amigo Ben Johnson. Precisava ser o primeiro. Muito depressa o foi, e ninguém, exceto Greene, contestou-lhe esse lugar.

O gênio não tem nacionalidade nem parentes. O filho de um modesto comerciante de Stratford podia ser e foi um gênio, do que não tirou, deve-se dizer, uma glória excessiva ao mostrar o seu. Numa época em que não faltavam talentos, ele não suspeitou, pouco preocupado com isso, que passaria à posteridade como uma das maiores glórias de todos os tempos em companhia de todos os autores célebres lidos e apreciados em seus estudos. De resto, e é significativo, salvo *Hamlet* e *Noite de Reis*, ele nunca se preocupou com a impressão que faria perdurar suas obras. Bela lição de humildade.

Houve, no entanto, um período em que, coincidindo com o advento de Stuart, ocorre uma virada muito singular em seu pensamento e em sua obra. Por volta de 1603, ele estava terminando o ciclo das *dark plays*: *Hamlet, Lear, Macbeth*. Com *Coriolano* e *Tímon de Atenas*, retornos menos bem-sucedidos aos temas históricos, a inspiração parece esgotar-se. Os concorrentes, embora amigos, o atormentavam, especialmente Ben Johnson, que acabamos de citar e que triunfava com sua nova comédia *Volpone*, ou ainda Thomas Dekker e sua *Prostituta honesta*. Shakespeare deve ter lido, por esses dias, os *Ensaios,* de Montaigne, traduzidos por Florio, o secretário italiano de Southampton, que também lhe dera muitas informações úteis sobre a península, então igualmente em pleno Renascimento. A tradução valeu a Florio esta reflexão de *Sir* William Cornwallis, ensaísta e amigo de John Donne: "Montaigne fala agora perfeitamente o inglês". Depois o vento soprou do norte, com a subida ao trono do escocês Jaime VI, que passou a ser Jaime I da Inglaterra. E, se não foi o vento que abateu as frágeis estruturas do Globe Theatre, destruído por um incêndio em 1613, ele revelou a Shakespeare, dramaturgo agora consagrado, mas começando a envelhecer, algumas verdades que não conhecia.

O Stuart, escocês, não trazia em suas bagagens apenas saiotes e gaitas de fole. Para descrever e avaliar essa contribuição, seria preciso remontar às civilizações muito antigas do Oriente, aos caldeus e aos egípcios, bem como aos ensinamentos de Pitágoras e Platão. Seria preciso reler os escritos dos cabalistas judeus e árabes dos primeiros séculos da era cristã, o que não faremos. Mas devemos, ainda assim, dizer uma palavra sobre um certo Christian Rosencreuz, aristocrata alemão do século XIV que, após viagens iniciáticas à Terra Santa e ao Egito, adquiriu um grande conhecimento na arte da transmutação do chumbo em ouro e nos misteriosos métodos destinados a prolongar a existência. Foi assim que se edificou, com a ajuda de apenas três companheiros, a fraternidade dos Rosa-Cruzes.

Como todas as sociedades secretas, essa fraternidade desenvolveu-se rapidamente, dedicando-se, em particular, à prática gratuita da medicina e produzindo várias obras fundamentais, como o *Fama Fraternatis* ou o *Casamento químico* do próprio Christian Rosencreuz, publicado pela primeira vez somente em 1616, mas do qual há provas de que já existia no estado de manuscrito desde 1601.

Se abordamos, mas abordamos apenas, o histórico dos rosa-cruzes, é que está estabelecido, segundo Robert-Freke Gould em sua *História da franco-maçonaria* (1882), que "a doutrina mística, assim como o simbolismo da maçonaria, foram introduzidos nas lojas pelos adeptos da Rosa-Cruz: mesmos temas de interesse, mesmo comportamento baseado no segredo, mesmas finalidades na pesquisa filosófica".

Pode-se acrescentar a isso a utilização similar de um certo número de símbolos: esfera, círculo, compasso, esquadro, triângulo, nível de pedreiro e fio de prumo. Inicialmente separados, rosa-cruzes e franco-maçons haveriam de reunir-se novamente – é a *Real History of the Rosicrucians* que nos informa – sob o nome de *Fratres Rosae Crucis*, irmãos da Rosa-Cruz.

Uma questão se coloca: de que maneira essa doutrina, se podemos chamá-la assim, sendo tão diferentes os domínios que abrange, da metafísica aos problemas mais concretos da vida ordinária, de que maneira essa filosofia, ao mesmo tempo nova e ancestral, atravessou o Canal da Mancha ou, mais provavelmente, o Mar do Norte?

A Escócia havia guerreado durante muito tempo contra a Inglaterra e, por volta da metade do século XV, essa terra de charnecas, de neblinas – e de superstições –, em muito se despovoara. Jaime I, portanto, é obrigado a fazer vir mão de obra, camponesa mas sobretudo operária, da França e de

Flandres. Assim, ele importa, sem saber – ou talvez sabendo muito bem –, os primeiros franco-maçons escoceses.

Um alvará lhes é concedido em 1532. Um certo Mr. Bain, autor de um guia de Aberdeen, a "cidade de granito", importante porto pesqueiro no Mar do Norte, escreve o seguinte, anotado por Robert-Freke Gould:

> No princípio, a franco-maçonaria constituía simplesmente um acessório da profissão de maçons [pedreiros], mas esse acessório tornou-se sua forma principal e a corporação dos artesãos maçons transformou-se no organismo atualmente conhecido sob o nome de loja dos maçons de Aberdeen.

Os maçons, posto que são pedreiros, constroem igrejas e mosteiros já em 1136, em Melrose, e em 1140, em Kilwinning. No século XIII, mais *successful* do que Henrique VIII, os maçons serão abençoados pela Santa Sé, com a condição de se dedicarem à edificação de monumentos religiosos, e sucedeu de lojas escocesas adotarem nomes religiosos.

Suas obras verificam-se em Edimburgo, onde constroem a igreja colegial de São Gil (1491), em Dundee (1536) e em Kilwinning, onde foi erguido o primeiro templo dos franco-maçons na Escócia, datado de 1190. Quanto à loja São João, em Glasgow, ela goza de uma preeminência concedida por Malcolm III, que faz remontar sua origem a 1057. Na época que nos interessa, portanto, a franco-maçonaria está solidamente implantada não apenas na Escócia, graças aos estatutos ditos de Schaw, mestre de obras do rei e superintendente geral dos maçons (1598-1599), mas também na Inglaterra.

Uma das grandes figuras da franco-maçonaria inglesa é *Sir* Francis Bacon, o mesmo Bacon a quem foram atribuídas as obras de Shakespeare e que estava – ele próprio o admite em seu livro intitulado *Advancement of Learning* – em busca da pedra filosofal. Diz-se ainda que a franco-maçonaria inglesa tem sua origem em outro *opus* de *Sir* Francis Bacon: a *New Atlantis*. Não é exatamente verdade, e Bacon, apesar de seu saber e de sua posição importante, não pode afinal estar na origem de tudo. Sabe-se, porém, que a primeira loja oficial de franco-maçons situa-se no Mason's Hall, em Londres, desde 1646, e que os primeiros traços da maçonaria londrina já existiam em 1375. São os mesmos maçons, ou seus sucessores, que reconstruíram e reformaram o castelo de Windsor.

A chegada de Stuart a Londres, a coroação de Jaime e a presença de sua comitiva – sabemos que as sociedades secretas se agitam muito na proximidade imediata dos soberanos – representam uma infusão de sangue novo. E é aqui que reencontramos Shakespeare. Curioso de tudo, interessado por tudo o que havia de novo no ar do tempo, talvez mais apto a filosofar do que na juventude – a meditação costuma ser geralmente solitária –, ou atraído pelo misticismo, por tudo o que permite ultrapassar uma condição humana frágil, ele se informa, escuta, lê, participando às vezes de reuniões, impregnando-se, quase contra a vontade, do novo, e tão antigo, que circula.

Não sabemos se Shakespeare foi maçom ou rosa-cruz. Como todo criador, pensamos antes que ele estava sempre em busca de um assunto, de uma ideia nova, de um novo tema para suas peças, cuja finalidade era não apenas agradar ao público, mas também penetrar mais em profundidade, sempre mais perto de uma verdade imanente, as bases da referida condição humana.

Em Londres, ele não era o único a se interessar. Sem falar do fundo de superstição que é geralmente o do povo, muita gente estava atraída pela magia. A presença do ocultista Raymond Lulle é atestada na capital inglesa em 1612: ele praticou a alquimia, diz-nos Peter Ackroyd em sua *Biografia de Londres*, na abadia de Westminster e na Torre. Também a do mágico Cornélio Agrippa, no final do século XV, a de Hugh Draper, que aliás foi preso por feitiçaria e magia, ou ainda a de Francis Moore, astrólogo e médico, autor de um almanaque famoso. O próprio Isaac Newton veio a Londres para se abastecer do material necessário às suas pesquisas e adquiriu manuais de alquimia, como o *Theatrum Chimicum*, de Zetner, e *Ripley's Reviv'd*, do alquimista londrino George Starkey. Tudo isso presidirá um pouco mais tarde, em 1662, a criação da Royal Society, *"for improving natural knowledge"* [para o avanço do conhecimento natural], cujos membros fundadores, afirma Peter Ackroyd, pertenciam ao "Colégio invisível de adeptos da alquimia e da filosofia mecânica". Ackroyd acrescenta para concluir: "A cidade tornou-se o centro dessa filosofia empírica, bem como da experimentação oriunda das pesquisas dos alquimistas".

Ao contrário de Mozart, não se pode afirmar que Shakespeare tenha sido um iniciado, mas um de seus personagens seguramente o é: Próspero, protagonista de *A tempestade*, peça da qual se pode, no entanto, traçar um paralelo com *A flauta mágica*, ópera maçônica, cuja figura central, Sarastro, homólogo de Zoroastro ou de Zaratustra, oferece mais de um ponto em comum com Próspero.

Quem era Próspero? Ex-duque de Milão, fora deposto por seu irmão Antônio e lançado em um barco com a filha Miranda, então com três anos de idade. Eles encalham em uma ilha deserta, onde organizam uma espécie de falanstério familiar em companhia de um elfo, Ariel, que foi o doméstico da feiticeira Sicorax – ainda uma feiticeira –, e do filho desta última, Caliban, monstro que ela engendrou com o diabo em pessoa.

> Trínculo, *ao avistar Caliban.*
> O que temos aqui, um homem, ou um peixe? Vivo ou morto? É peixe, ele fede igual a um peixe; é um fedor de peixe, e fedor muito velho! É uma espécie de... não de um tipo recentemente seco, salgado e curtido, mas de um peixe estranho, exótico. Estivesse eu agora na Inglaterra (como já estive uma vez), e este seria um peixe pintado em um belo cartaz de rua; e os bobalhões em passeio de férias pagariam para vê-lo. Lá na Inglaterra, este monstro passava por humano, e seria mais uma fera estrangeira fazendo a fortuna de um homem.

Miranda, até os dezoito anos, nunca viu, além do pai, outra criatura humana, se é possível empregar esse termo a propósito de Caliban. Ela se apaixona pelo primeiro a chegar, um certo Fernando, filho do rei de Nápoles, lançado à ilha, como Tríncul0, em consequência de um naufrágio. Próspero tem por única finalidade recuperar seu ducado. A fim de atrair para a ilha seu irmão usurpador e todos os que o acompanham, especialmente o pai de Fernando, ele desencadeia uma tempestade com a ajuda mágica de Ariel, um êmulo de Puck, capaz de dar a volta ao mundo em um segundo.

Ariel cumpre devidamente sua tarefa.

Próspero
Você executou, espírito, a tempestade que lhe encomendei? Nos mínimos detalhes?

Ariel
Em todos os seus artigos, cláusulas e itens. Enfiei-me a bordo do navio do Rei; ora na proa, ora no convés, no tombadilho, em todos os camarotes, em todo canto eu cintilei, enchi-os de pasmo, às vezes dividindo-me e queimando em vários lugares. No mastaréu, nas vergas, no gurupés, lá estava eu, centelhas distintas, depois reencontradas, unidas numa só. Os relâmpagos de Júpiter, precursores dos terríveis trovões, não teriam sido mais momentâneos; fui mais rápido que a visão. O fogo e os estrondos crepitantes e sulfurosos pareciam sitiar até mesmo o poderosíssimo Netuno, e faziam estremecer suas corajosas ondas, sim, faziam seu medonho tridente tremer.

Próspero
Meu bom espírito, quem seria tão firme, tão equilibrado, que não se deixasse infectar em seu juízo por essa confusão?

Ariel
Não houve viva alma que não sentisse a febre da loucura, que não entrasse em desespero. Todos que não eram marinheiros atiraram-se nas espumas da água salgada, abandonaram o navio.

Como abertura da peça, a própria tempestade, cena soberba para veteranos diretores teatrais. Temos dificuldade de imaginar o palco despojado do Globe Theatre transformado em um barco prestes a afundar – embora isso devesse encher o público de admiração –, mas conhecemos a suntuosa realização de Giorgio Strehler no Teatro do Odéon, em Paris, e não podemos esquecer, no tumulto da trilha sonora, as imensas ondas azuis levantadas em cadência pelos maquinistas. Grande tela de cinema! O *Piccolo Teatro* revisto e corrigido por Cinecittà. Em outra versão, encenada por Alfredo Arias, com Marilu Marini – uma mulher – no papel de Caliban, Pierre Dux dava ao de Próspero sua inegável autoridade no pátio de honra do palácio dos Papas, em Avignon, no qual se produziram tantos milagres teatrais. Afinal, os altos muros do palácio podiam perfeitamente representar, embora em sonho, aquele perdido pelo ex-duque de Milão, capaz de fazer aparecer qualquer cenário.

De fato, Próspero é um mago. E um sábio. Do mago, possui a varinha mágica e o manto; do sábio, o raciocínio e a cultura. Se perdeu seu ducado, é porque dedicava tempo demais à sua biblioteca e aos estudos, como ele mesmo confessa a Miranda. Que estudos? "*Secret studies.*" Os que lhe permitem desencadear os elementos à vontade, obter uma resposta dos astros quando os interroga, reter no cativeiro um monstro disforme, pior ainda que o ignóbil Ricardo III e que, ainda por cima, tentou violar sua filha Miranda, ou um extraterrestre como Ariel – nome que provém indiretamente da Cabala nos termos da demonologia medieval –, que lhe permitem ainda organizar para seus hóspedes forçados, com a ajuda de duendes, um exército de duendes que ele também dirige, um festim ao ar livre, imobilizar os personagens quando quer, em um impressionante congelamento de imagem.

De todos esses mistérios que ultrapassam o entendimento humano, Próspero não precisa fingir que é o organizador, como dizia Cocteau em *Les Mariés de la tour Eiffel**, ele

---

* Em português, *Os noivos da torre Eiffel*. (N.T.)

o é realmente. Ou irrealmente, se quiserem. Demiurgo, possui a chave de tudo e é ele que pronuncia, no final do festim, quando os duendes se evaporaram no ar, uma das réplicas mais célebres de todo o teatro shakespeariano:

> PRÓSPERO
> Nossa diversão chegou ao fim. Esses nossos atores, como lhe antecipei, eram todos espíritos e dissolveram-se no ar, em pleno ar, e, tal qual a construção infundada dessa visão, as torres, cujos topos deixam-se cobrir pelas nuvens, e os palácios, maravilhosos, e os templos, solenes, e o próprio Globe, grandioso, e também todos os que nele aqui estão e todos os que o receberem por herança se esvanecerão e, assim como se foi terminando e desaparecendo essa apresentação insubstancial, nada deixará para trás um sinal, um vestígio. Nós somos esta matéria de que se fabricam os sonhos, e nossas vidas pequenas têm por acabamento o sono.

Onde ele obteve seus poderes? Como aperfeiçoou seu espírito "nessa arte que, se não fosse tão hermética, ultrapassaria tudo o que o povo conhece" (ato I, cena 2)?

Com exceção de uma fonte direta, a expedição de Southampton à Virgínia, primeira colônia inglesa na América (1609) que inspirou a Shakespeare o cenário da ilha deserta, também muito em moda – o retorno à natureza, o bom selvagem, os sentimentos puros, etc. –, é o ocultismo que sustenta toda a ação dessa peça, a mais curta do *corpus* shakespeariano. *A tempestade* não é exatamente uma tragédia, nem mesmo uma tragicomédia, mas antes uma espécie de fantasia, com interlúdios: danças, canções, balé dos espíritos, sem esquecer algumas aparições e desaparições, personagens invisíveis, transformações visíveis e à vontade.

Pelo ocultismo, entramos com Shakespeare no domínio do maravilhoso. Para esses fenômenos, inventados com uma surpreendente e fértil imaginação, ele utiliza um termo voluntariamente anódino: "*subtleties*", que pode ser traduzido literalmente por "astúcias", "ilusões" ou "aparências enganadoras". Ele nos parece caracterizar a sutileza da intriga, a delicada performance de todos os caracteres, a música geral da peça, que nunca cai no melodrama, como tampouco se compromete com a farsa grosseira, mesmo quando Caliban, completamente bêbado, está disposto às piores vilanias. Aproveitemos para assinalar que, nessa fase de sua vida, o talento do Bardo, ainda afiado, alcança às vezes, e mesmo supera – nessa última obra de sua carreira, nessa espécie de testamento que nos lega, com suas verdades ocultas, sua filosofia, seu ponto de vista universal –, a poesia refinada de *Vênus e Adônis* ou dos *Sonetos*.

Em *A tempestade*, é a ilha inteira que está encantada. Próspero, que reina sobre ela, mostra-se ao mesmo tempo cruel, inclusive em relação a seu fiel servidor Ariel, e complacente, pela indulgência que demonstra no final ao perdoar o irmão, mas é sempre onipotente, até abandonar a varinha mágica e o manto, símbolos de seu poder.

> Próspero
> Vós, elfos das colinas, córregos, lagos parados e bosques, e vocês, que com suas passadas nas areias não deixam pegadas e perseguem o Netuno das marés baixas e dele fogem quando surge a maré montante; vós, duendes que à luz do luar fabricam círculos verdes e ácidos que as ovelhas não querem de pasto; e vós, cujo passatempo é fabricar cogumelos noturnos, vós, os que se enchem de prazer só de ouvir o sino solene anunciando o início da noite: com vossa ajuda (ainda que vós sejais fraquinhos em vossas mágicas) eclipsei o sol do meio-dia, convoquei os ventos amotinados e, entre os verdes mares e a abóbada azul-celeste, armei estrondosa guerra. Emprestei fogo ao trovão mais pavoroso e retumbante, e com seu raio parti ao meio o robusto e altivo carvalho de Júpiter. Sacudi nas bases o promontório mais sólido, e arranquei, raiz e tudo, os pinheiros e os cedros. Ao meu comando, sepulturas iam despertando os que nelas dormiam, abriam-se e, por minha poderosa Arte, deixavam-nos sair. Mas eu aqui e agora renuncio a essa mágica escabrosa; e quando eu tiver requisitado uma música celestial (o que faço neste instante) para ultimar

o meu propósito sobre os sentidos desses homens, que para isso servem os sons encantatórios, quebro minha vara mágica, enterro-a em grande profundidade no solo e depois, tão fundo que nenhuma sonda possa dele captar o eco, afogarei o meu livro.

Como o Sarastro de *A flauta mágica*, a figura desse ser superior caberia perfeitamente em uma loja maçônica, da qual teria sido, de direito, o grão-mestre.

É assim que se pode vê-lo, fazendo da peça uma leitura de duplo sentido em que as potências superiores aparecem controladas e governadas por um único homem que, em realidade, é mais que um homem, pois possui o conhecimento. Provavelmente, Shakespeare também o possuía ou, pelo menos, como bom organizador dos mistérios que acabamos de evocar, tinha uma ideia bastante precisa dele. Etapa determinante no caminho da sabedoria reencontrada.

Fugindo do barril de pólvora

Diz-se com frequência que Shakespeare entrou em uma espécie de aposentadoria, como se lhe tivessem retirado o instrumento de trabalho, após o incêndio do Globe Theatre, em 1613, portanto após *A tempestade*, que é de bom tom considerar como seu testamento espiritual. Não é bem assim. Remontemos um pouco no tempo, pois, se ele de fato começou a se distanciar de Londres e do palco, isso aconteceu alguns anos mais cedo. Por quais razões?

É inegável que durante a primeira década do novo século, e sobretudo depois da morte de Elizabeth I, sua produção perdeu alento. Tendo escalado os Himalaias que são *Hamlet*, *Otelo*, *O rei Lear* e *Macbeth*, parecia-lhe difícil tornar a descer a encosta e dedicar-se a realizações mais ordinárias. Depois das *dark plays*, talvez ele tivesse a impressão, e a satisfação – se é que o criador alguma vez a conhece –, de ter dito tudo ou, pelo menos, de ter dito o bastante. Além disso, o público, esse monstro voraz que havia vinte anos era mimado e não cessava de exigir novidade, esse público se renovara, mostrando outras exigências. Quando se produz nesse público, perceptível, uma certa reticência, o homem da profissão o percebe imediatamente, mesmo se continuam a cercá-lo de respeito, se esperam seus escritos com a mesma impaciência e se procuram reconfortá-lo informando-lhe o montante das receitas.

No entanto, não foram unicamente razões profissionais, preocupações com a carreira, nem mesmo um compreensível cansaço, que levaram Shakespeare a afastar-se de Londres com uma frequência cada vez maior. Se sua presença é atestada na capital em 1613, onde é citado como testemunha em um processo –, nesse mesmo ano, ele adquiriu a casa perto de Blackfriars e aproveitou, talvez, para mandar fazer seu retrato, aquele que, gravado, haveria de ilustrar a capa do *Folio* de

1623 –, é certo que nessa época passava cada vez mais tempo em Stratford na casa que havia adquirido.

Em Stratford, de resto, participará muito pouco da vida local, contentando-se com algumas disputas a propósito de limitação de propriedade com uma certa família Combe, muito rica. É antes com sua própria família que ele se preocupa, sem ter necessidade, como Ulisses, de eliminar os pretendentes a disparos de arbaleta. Sua filha Suzanna casou-se em 5 de junho de 1607, uma neta, Elizabeth, nasceu em 1608, e ser avô constitui toda uma arte, como escreverá mais tarde Victor Hugo, futuro grande admirador de Shakespeare.

Contudo, três anos antes, em 1605, produziu-se um acontecimento que pode ter motivado esse semiexílio para que não o julguemos provocado apenas pela afeição do avô por uma neta que, naturalmente, devia ser adorável e era adorada. Esse acontecimento, ocorrido dois anos após a subida ao trono de Jaime I, poderia ter tido, se consumado, graves consequências políticas.

O Stuart, como dissemos, não tinha a unanimidade: primeiro, por sua escolha, mais ou menos manipulada por *Sir* Cecil já antes do desaparecimento de Elizabeth; segundo, pelas primeiras medidas que tomou desde sua coroação e que visavam principalmente os católicos. Um complô prepara-se na sombra e, como os ingleses são sempre um pouco excessivos em tudo, trata-se nada mais nada menos de fazer explodir, no sentido próprio do termo, o recém-criado Parlamento, assim como o rei e sua família, que deviam inaugurá-lo. Daí provém o nome dado a esse complô: *Gunpowder Plot* (a Conspiração da Pólvora), um dos promotores sendo um veterano do exército da Espanha, Guy Fawkes.

Os conjurados, ao cabo de longos preparativos – como não teria vazado esse plano? –, alugam uma casa vizinha ao palácio de Westminster e cavam um túnel para ligá-la aos subsolos do prédio, onde estoques de pólvora estavam armazenados. Quem era encarregado de executar a missão na noite de 4 de novembro de 1605? Fawkes. É ali que é pego em flagrante delito, certamente por denúncia, no momento em que se preparava para acender a mecha destinada a fazer explodir o novo Parlamento que o rei inauguraria.

O que William Shakespeare tem a ver com essa sombria história? Ele estava comprometido, ou julgou que podia estar, talvez com razão: tal é a descoberta contemporânea de um erudito, Arthur Marlowe, já citado, e a tese que ele defende em seu livro *Shakespeare's Dark Secrets-Revealed*.

No que se refere à conspiração, Arthur Marlowe assinala que dois dos participantes, cujos nomes apresenta (Francis Tresham e Robert Catesby), eram primos de Shakespeare. Um terceiro envolvido, *Sir* Edward Digby, figurava entre seus conhecidos, e está agora provado que as linhas mestras do complô foram traçadas em seu solar de Stroke Dry (Leicestershire). Se a pista de Digby perdeu-se, sabe-se, porém, que Francis Tresham foi levado à Torre e teve a cabeça exposta em público, enquanto Catesby, que tentou fugir, foi alcançado pelas forças da ordem, antes de ser decapitado e sepultado em local desconhecido. Quanto a Guy Fawkes, pego em flagrante, foi executado em 31 de janeiro de 1606.

Bem está o que bem acaba é o título de uma peça que Shakespeare acabava de produzir. Qual foi sua participação na rocambolesca e confusa aventura do *Gunpowder Plot*? Marlowe supõe que, tido por rico, ele foi solicitado a dar uma contribuição financeira, o que automaticamente o implicava. Além disso, todos os conjurados eram obviamente católicos, "papistas", segundo o termo pejorativo da época, como o era John Shakespeare, pai de William, em Stratford. Eles nunca honravam com sua presença um serviço religioso protestante, o que, na época, podia custar muito caro. Marlowe conta que *Sir* Thomas Tresham, pai de um dos conspiradores, tinha, por essa única razão, passado vários anos na prisão e que por muito tempo viveu em prisão domiciliar. Mas o crime de lesa-majestade, no sentido próprio do termo, parece fazer parte da tradição familiar, pois Francis Tresham já havia se envolvido em um projeto de assassinato da rainha Elizabeth um ou dois anos antes de sua morte. O que nos leva a uma outra conspiração, a de Essex, na qual Shakespeare, ainda que apenas por sua amizade com o conde de Southampton, por pouco não se comprometeu também.

A descoberta do *Gunpowder Plot*, que ocasionou a interdição de permanência dos católicos em Londres, constituía portanto, para Shakespeare, uma boa razão para ficar tranquilo e fazer-se esquecer por algum tempo, mesmo sendo alguém que, como ele, fora distinguido por Sua Nova Majestade escocesa e tinha suas peças representadas na corte. Tocamos aí o ponto das múltiplas incidências que os acontecimentos políticos, tanto no reinado de Elizabeth quanto no de Jaime I, podiam ter sobre a criação artística em geral e a vida da arte dramática em particular.

Seja como for, Shakespeare está de volta às suas terras, embalando a netinha, movendo alguns processos, para não perder o hábito, e escrevendo... *Coriolano*, que é antes de tudo uma peça política. Situada em Roma, onde acaba de irromper uma rebelião popular cujos líderes não deixam de lembrar Tresham e seus consortes, ela começa por uma diatribe da qual o mínimo que se pode dizer é que não foi inspirada por uma paixão devoradora pelo gênero humano, como o testemunham as frases pronunciadas por Caio Márcio Coriolano logo ao entrar em cena:

> MÁRCIO
> O que se passa, tratantes sediciosos, sarnentos de tanto coçarem as pobres convicções que vos comicham? Se os nobres pusessem de lado sua clemência, como eu sacaria minha espada e faria desses milhares de campônios um monte tão alto quanto pudesse tocar minha lança!

A continuação não é muito mais encorajadora.

Após ter sido banido de Roma, Caio Márcio junta-se ao inimigo, fazendo uma aliança com Aufídio, general dos volscos, a quem posteriormente trairá. Tendo provocado fortes ressentimentos e insultado a democracia, ele cairá sob os golpes dos rebeldes, não sem ter qualificado a multidão de "fedorenta" e fustigado sua "ignorância geral".

Gostava Shakespeare do povo quando escrevia réplicas tão virulentas? Ou quando faz Menênio Agripa, não obstante moderado, dizer no primeiro ato: "Roma terá de lutar contra seus ratos"?

Com frequência, o homem oriundo do povo acaba por mostrar-se arrogante ou por cair na demagogia. Shakespeare, burguês enriquecido mas de origem plebeia, Shakespeare, camponês do Warwickshire que por muito tempo se aproximou da corte por intermédio de Southampton e de Essex, Shakespeare, tendo chegado a ser o que é, renegou suas origens?

Em *Júlio César* – não esqueçamos que essa peça, como as outras, dirigia-se antes de tudo a um público popular –, a maneira como Marco Antônio incita a multidão, lamentando-se diante do cadáver do pretenso futuro ditador, mostra o quanto Shakespeare julga o povo ao mesmo tempo versátil e crédulo, suscetível de deixar-se levar por arrebatamentos efêmeros ou pela eloquência de um orador. Cogitava Shakespeare, em plena monarquia, a eventualidade de uma revolução social?

Contudo, para crer em uma revolução, é preciso crer também em uma hierarquia, aquela que se quer desmantelar. A matéria-prima, o tema principal, indefinidamente renovável, de muitas peças de Shakespeare, a julgar pelo número de soberanos destronados, derrotados ou assassinados, é sem dúvida nenhuma a instabilidade dessas hierarquias. Queria mostrar que elas podiam ser facilmente desintegradas e encorajar sua destruição? Maquiavel, por exemplo, procede segundo uma ordem: é um político puro. Antes de governar, ele ensina a conquistar. Porém, Maquiavel não faz sentido algum na Inglaterra do século XVI, muito embora haja mais de um Maquiavel no teatro shakespeariano. Para conter a desordem e a sedição, somente contava a força bruta.

Assim, pode-se fazer de *Coriolano* uma dupla leitura. Trata-se de uma violenta crítica do governo da plebe e, portanto, de uma defesa da ordem estatal? Ou, ao contrário, de uma ameaça não disfarçada em relação ao poder temporal e, portanto, de uma apologia das justas reivindicações do povo? Escreveu Shakespeare essa peça tardia para voltar às boas graças de Jaime I ou, ao contrário, para desafiá-lo e erguer a cabeça após o triste episódio do *Gunpowder Plot*?

> O mais terrível dos tiranos é aquele que considera que é um bufão. E que o mundo inteiro não é senão uma vasta bufonaria.
>
> *Ricardo III.*

Aqui também, como para *O mercador de Veneza*, o único a poder decidir é o público. Tinha Coriolano a estima ou a desaprovação desse público? Algumas de suas falas mereciam ser vaiadas, mas teriam os representantes do povo, eles também com suas ingenuidades, suas fraquezas e, às vezes, suas acomodações e covardias, a adesão das multidões, a quem se propunha, a cada representação, um verdadeiro referendo?

Imediatamente após *Coriolano*, ou talvez simultaneamente, já que as duas peças datam do mesmo ano, 1607, Shakespeare volta à carga com *Tímon de Atenas*, inspirado em Plutarco. Como se a lição precedente não tivesse sido ouvida. Amargo e reivindicativo, em seu isolamento de Stratford, ele escreve, com sua tinta mais negra, uma obra que é, segundo François-Victor Hugo, um "formidável anátema contra a sociedade moderna".

Primeiro ato: Tímon tem por antítese o filósofo rabugento Apemanto, uma espécie de Diógenes, inimigo da sociedade, que vê tudo com maus olhos, sobretudo a riqueza de Tímon, liberal, amável e generoso:

> TÍMON
> Parece-me que eu poderia, sem nunca me cansar, distribuir reinos a meus amigos.

Segundo ato: essa riqueza é apenas aparente. Apesar dos conselhos do honesto intendente Flávio, as dívidas se acumulam e os credores, movidos pelo ciúme e pela ingratidão, se manifestam:

UM SENADOR
Um homem que sorri e convida todos os que passam. Isso não pode durar. A razão não pode crer na salubridade de tal situação.

Terceiro ato: quando Tímon tenta pedir dinheiro emprestado para reembolsar as dívidas, todos se esquivam, ao mesmo tempo em que o pressionam a pagar o que deve.

TÍMON
Este lugar onde ofereci tantas festas deve agora, como o resto da humanidade, mostrar-me um coração de aço?

Um último festim, porém, na falta de recursos, com pratos cheios de água quente, que Tímon lança à cabeça dos convivas que já lamentam ter recusado emprestar-lhe o dinheiro que pedia.

Quarto ato: Tímon mudou totalmente de caráter. Agora, o rabugento, o misantropo é ele. Tomou o lugar de Apemanto, não obstante sempre tratado com amizade, mas com quem ele acaba por desentender-se. Obviamente, acreditam que o ex--pródigo, refugiado em uma caverna e amaldiçoando Atenas com virulência, enlouqueceu.

TÍMON
Possam os deuses confundir Atenas dentro e fora de seus muros! Possam eles deixar crescer, com a velhice, o ódio de Tímon contra toda a humanidade, tanto os pequenos quanto os poderosos!

Quinto e último ato: em sua miséria, Tímon encontrou um filão de ouro. Renovará suas prodigalidades de outrora?

Não, ele o oferece a ladrões e depois, desesperado, no momento em que o exército do proscrito Alcibíades toma posse de uma cidade corrompida, põe fim à própria vida. Em seu túmulo, este epitáfio, meditado de longa data:

> Aqui jaz um miserável corpo, privado de uma alma miserável. Não busquem meu nome e que o diabo os carregue, miseráveis perversos que ficam depois de mim! Sou eu que repouso aqui, eu, Tímon, que em vida odiou todos os outros seres vivos. Sigam seu caminho, mas não sem maldizer-me à vontade, sigam sem diminuir o passo.

Como se vê, nessas duas peças, elaboradas na solidão – solidão muito relativa, em família, mas solidão mesmo assim –, o humor de Shakespeare está em seu ponto mais sombrio. Padecia já, como veremos no capítulo seguinte, de uma doença que adivinhava irreversível? Via afastar-se, certamente para sempre, tudo o que fizera sua vida: o palco, a satisfação de ver nascer uma de suas obras, os aplausos do público – e da corte –, o convívio alegre com os atores da trupe, quem sabe também a turbulenta atmosfera de Londres?

Todas as pessoas que se aposentam, em todas as épocas, padecem desse súbito vazio, dessa brusca ausência de comunicação com o resto do mundo, acompanhada dos achaques inerentes à idade: perda de memória, fraqueza de visão, dores articulares ou reumáticas e sobretudo saudade do que não existe mais, do que não mais existirá. Para o velho Bardo que atingiu os cinquenta anos e se aproxima do fim, é o inverno de um *gentleman.* No entanto, no meio de toda essa tristeza, desse melancólico inverno, sem sol, produziu-se, antes de *A tempestade*, um último clarão: *Conto de inverno.*

Uma morte alegre

Não se pode dizer que *Coriolano* e *Tímon de Atenas* (1607), peças com mensagem, sejam obras-primas, sem falar de *Péricles* (1608), cuja autoria não é absolutamente certo ser de Shakespeare, nem de *Henrique VIII* (1613), última chispa do fogo de artifício, para a qual se sabe que Fletcher, que formou com Beaumont uma parceria de talento (*The faithful shepherdess* [A pastora fiel]), colaborou amplamente na escrita. Seja como for, as peças do fim não têm mais a fina poesia de *Sonho de uma noite de verão* ou da *Noite de Reis*, e só muito raramente contêm aqueles jorros, aquelas felicidades de expressão, aqueles monólogos inspirados – com exceção de alguns de Tímon –, aquelas verdades propriamente humanas que fizeram o sucesso de *Ricardo III* ou de *Hamlet*. Shakespeare, porém, continuava vendendo bem e, além do fato de ter sido, junto com a trupe, distinguido pelo rei, era ainda coproprietário dos teatros Blackfriars e Globe, do qual cederá as ações somente em 1611. Assim, medindo o sucesso apenas pelo número de ingressos, utilizou-se até certo ponto a imagem e o renome de Shakespeare.

Em contrapartida, é incontestável que *Conto de inverno* tem o traço de Shakespeare, aliás, não mais tão sombrio, assim como *Cimbelino* (1610 ou 1611), que se passa em um obscuro reino bretão. Essas obras, que foram chamadas da "reconciliação", marcam certamente a de Shakespeare consigo mesmo.

O paradoxo é que esse *Conto de inverno*, hibernal sob muitos aspectos, foi escrito em pleno verão, no mês de agosto de 1610, provavelmente em Stratford, na casa de New Place, cujo nome adquire assim um valor simbólico, o da renovação.

Não se trata, como em *Macbeth*, de "uma história cheia de som e fúria, contada por um idiota, que nada significa". Muito pelo contrário, se não nos detivermos no caso de ciúme que fornece o ponto de partida e que é só uma grosseira caricatura de *Otelo*, estamos aqui diante de uma história transbordante de frescor, "um conto de mulher do campo diante do fogo da lareira", para citarmos ainda *Macbeth*, uma história em que várias crianças desempenham um papel importante. "Conta-nos uma história", pede a rainha ao jovem Mamílio, que responde: "Uma história triste, então. Conheço uma que fala de almas do outro mundo e de duendes". E ele começa: "Era uma vez...".

A rainha Hermíone, por sua vez, está grávida. Zangada com o marido, ela se reconciliará com ele, que acredita não ser o pai, ao cabo de múltiplas peripécias: processo, falsa execução, maluquice cínica de Autólico e representação de uma pastoral em que Perdita, heroína de dezesseis anos, distribui flores como Ofélia.

Nessa história ao mesmo tempo cotidiana e feérica, que se situa "*betwixt heaven and earth*" (entre o céu e a terra), os "seniores" com feridas mal cicatrizadas opõem à geração dos filhos uma espécie de sabedoria resignada, portadora, em filigrana, de uma certa melancolia.

Tal era a de Shakespeare que, após uma fase de misantropia aguda, parece ter reencontrado nessa peça toda a sua forma e muitos dos procedimentos narrativos que fizeram, não muito tempo atrás, seu sucesso. Com esse *Conto de inverno*, temos a impressão de assistir a um daqueles serões durante os quais são contadas histórias em família e nos quais se escutam os mais velhos, que têm tanto a contar. Na lareira, o fogo, incubado por algum tempo sob as cinzas, volta a brilhar em uma alegre crepitação de fagulhas. Fogo ilusório, certamente, mas que reaquece os ossos entorpecidos do velho Bardo.

Verões ou invernos? Nunca se sabe, quando se pensa no dia seguinte, quando se está preocupado, ou mesmo atormentado, com questões de saúde ou de família, ou quando se deve assumir o desaparecimento de seres queridos – a mãe de Shakespeare morrera em 1608 –, o quanto resta a viver. As noites das pessoas idosas fazem-se mais curtas: elas dormem pouco, como se quisessem ganhar tempo sobre o tempo.

Quando Shakespeare desperta em seu leito com cortinas de New Place, em pleno inverno, rendados finos de geada obscurecem os vidros engastados de chumbo da janela. Ao abri-la, ou apenas ao entreabri-la por causa do frio, ele vê telhados cobertos de branco. "Será meu último inverno?", ele se pergunta, friorento, envolto em um casacão trazido de Londres.

Ao contrário, se é primavera ou começo do verão, ele é acordado pela algazarra dos pássaros, primeiros a deitar e a levantar, que se agitam alegremente no telhado. Ouve, na casa, a movimentação da vida que recomeça, a voz forte da mulher, Anne, já atarefada na ampla cozinha do térreo, às vezes a loquacidade da neta que Suzanna, sua mãe, confiou por alguns dias aos avós, sente o cheiro das fatias de bacon postas a fritar e o do pão no forno. Um galo, ao longe, lança mais uma vez seu chamado, um cachorro late no pátio.

Quando sair para o jardim, no frescor matinal, ele se maravilhará – pois na sua idade ainda é possível maravilhar-se, sobretudo quando se é poeta – de descobrir nas roseiras plantadas por Anne Hathaway uma quantidade de botões prestes a florir. Assim, mesmo após um rude inverno, a vida reclama seus direitos, em um perpétuo renascer com o qual só podemos nos alegrar.

Após tomar uma tigela de leite quente e comer várias fatias de pão, ele torna a subir ao quarto, senta-se diante da mesa e molha a pena no tinteiro, onde talvez repousa mais uma bela história por vir. Certamente, sua inspiração não tem o mesmo fôlego que antes, quando era capaz de encher inúmeras folhas seguidas, mesmo nas circunstâncias menos propícias à concentração, em meio aos ruídos de um ensaio no teatro ou em uma mesa de canto, na taverna, quando não era na diligência a caminho de Stratford. É com muita dificuldade, mordiscando a pena como Lucrécia quando escreve ao marido após ter sido violada, que ele redige uma ou duas páginas, põe no papel fragmentos de réplicas, tenta construir um roteiro, o que quase nunca fez, entregando-se quase sempre à livre improvisação.

Sua caligrafia tornou-se irregular, e às vezes incerta, mas ele constata também, com satisfação, que seu espírito ainda funciona perfeitamente. Se experimenta algumas dificuldades com a memória na vida corrente, ela de modo nenhum se ausenta quando lhe ocorre uma ideia durante uma breve insônia ou em sua caminhada cotidiana. De resto, o "ofício" serve-lhe de muleta. Passagens de suas peças antigas, que ele conhece de cor, inspiram-lhe situações novas ou renovadas. Acontece-lhe mesmo de divertir-se com elas, de deixar-se levar por achados que talvez não tivesse ousado mais jovem, como, por exemplo, o de confiar a uma estátua falante o desfecho de *Conto de inverno*, desfecho que não era evidente com toda a confusão que o precede, uma verdadeira história em quadrinhos, ou uma verdadeira partitura musical, o autor voltando a ser o libretista e letrista que foi com tanta frequência.

Ele trabalha assim até o meio-dia. Ninguém, na casa, o perturba. Todos buscam mesmo fazer silêncio, falando baixo, abafando risadas ou discussões. Sua mulher, ou uma empregada, leva-lhe regularmente uma taça de chá. Ele está sozinho, como sempre esteve o criador, mas cercado. Se pensa nisso, reprimirá alguma nostalgia à lembrança do que era outrora sua vida tumultuosa em Londres. Das lembranças só quer conservar a polpa suculenta, ocultando o que podem conter de amargura ou de sensação de fracasso.

Depois do almoço, feito em família, e leve para não sobrecarregar o estômago, é ainda a seu quarto que ele retorna para uma pequena sesta ou para acrescentar, se lhe der vontade, algumas frases ao manuscrito em andamento. À tarde fará uma curta caminhada, sozinho ou com a mulher, às vezes com a neta. Não está vestido como na cidade, mas de maneira muito simples, camponesa: botas e gibão no inverno, calça e camisa no verão, e em toda estação um chapéu com o qual responde muito civilmente aos concidadãos que encontra na rua. Ele é agora um notável. Contudo, o que ele prefere são os passeios em pleno campo, onde seus pulmões se aliviam do ar viciado da cidade e onde, enquanto caminha, concebe ainda algumas ideias novas, que terá pressa de pôr no papel tão logo voltar para casa.

Para o chá das cinco, Anne faz aquecer rosquinhas no fogão. Tagarela-se um pouco, não muito. Há sempre em torno do chefe de família uma espécie de respeitoso silêncio, como se não quisessem perturbar sua inspiração. Mas sem exagerar. Sucede também de o tom das conversas se animar, com Suzanna, com vizinhos em visita. Shakespeare é tratado então como um homem comum, o que não lhe desagrada.

Compreender-se-á, porém – talvez já se tenha compreendido –, que essa existência ordenada e afinal bastante monótona não é a que convém ao ex-turbulento jovem, embora seu comportamento fosse reservado e relativamente discreto, como vimos no Globe Theatre. Se chegam notícias de Londres, quase diariamente, pela diligência, ele se precipita com avidez às missivas. Se passa um viajante vindo da capital, ele o cerca de perguntas, sobre tudo, sobre a vida do reino, as tendências da moda, a saúde de fulano ou beltrano, os últimos boatos da corte. Se é um conhecido da profissão – as trupes ambulantes continuam as turnês pela província e seguidamente aparecem atores –, é com o sucesso de suas peças que ele se inquieta: se lhe relatam uma crítica, torna a cair na melancolia; porém, se lhe informam que elas vão bem, durante três dias ficará de bom humor. No entanto, ele se aborrece.

Ele que frequentou os nobres, mas que igualmente conheceu quase todas as classes sociais, ele que viveu apenas para sentir sob os pés e ter diante dos olhos esse universo ao mesmo tempo efêmero e real, miserabilista e grandioso, esse espaço aberto a tudo e a todos que é o teatro, suporta com dificuldade ser agora o protagonista de uma comédia burguesa na qual os lances dramáticos e cômicos revelam-se um tanto raros. Ele os inventa. Com um pendor para a chicana, como sabemos, move um processo a um boticário que lhe devia dinheiro, 35 *shillings*, ou à família Combe, já citada: ele não era o único a recorrer aos tribunais, sobrecarregados em sua época, como na nossa, pois a vida em comunidade parece ser capaz apenas de suscitar conflitos, verdadeiros dramas ou comédias.

Sua filha Suzanna, aliás, lhe fornecerá um tema a explorar na obra. Ela se casou em 1607, já o dissemos, com um médico abastado de Stratford e é mãe de uma menininha. Por palavras encobertas, pois os mexericos correm rápido nas cidades pequenas, diz-se que ela tem um caso com outro homem cujo nome, por prudência, não é mencionado. Shakespeare entra em ação. Abandonando a mesa de trabalho e o conforto, identifica o caluniador e leva-o à justiça, onde inocenta a jovem, como Hermíone em *Conto de inverno*. É um episódio ocorrido mais ou menos na mesma época em que a peça.

Esse pai de família, que precisou sair em socorro da filha mais velha, tem uma outra preocupação: casar a filha mais moça. Judith não parece ter pressa. Ela adora o pai e este a adora, afeição que reencontraremos na ligação muito terna de Próspero e sua filha Miranda em *A tempestade*: um pai e uma filha sozinhos numa ilha deserta, abrigados das baixezas do mundo civilizado.

Shakespeare tem em vista o filho de um de seus velhos amigos, Thomas Quiney, e Judith aceita tudo o que o pai decide. O casamento ocorre em uma urgência suspeita – prazos abreviados, ameaça de excomunhão –, urgência cuja causa era um pecadilho de Thomas, que engravidara uma moça da vizinhança, Margaret Wheeler. Má lembrança para Shakespeare, pois ele pusera Anne, sua futura mulher, na mesma delicada situação. É comum reprovarmos nos outros o que reprovamos em nós mesmos. Mas Shakespeare julga também esse pecadilho como um atentado direto à integridade da filha, o que ele mais prezava no mundo desde o desaparecimento prematuro de seu preferido, Hamnet.

Mesmo assim, o casamento realiza-se em fevereiro de 1616, e em março Margaret Wheeler morre ao dar à luz. Quiney é responsabilizado, o que suscita a amargura e o rancor de Shakespeare, que chegará a riscar o nome do genro no testamento que faz retificar pouco tempo depois. Amargura e rancor que se somam ao aborrecimento que evocamos antes e que, apesar dos esforços para continuar a escrever, o conduziram a uma certa esterilidade: como dissemos, vários autores já haviam sido levados a colaborar com ele, entre outros Fletcher, para *Henrique VIII*. Fiel à sua mesa de trabalho, por hábito e por obstinação, era ele algo mais que o fantasma do Bardo, manejando sempre a pena, mas sem que suas palavras fossem as que o verdadeiro Bardo teria escrito? E então esse homem tão razoável volta a frequentar as tavernas, não as de Londres e a habitual Mermaid, mas as de Stratford, que não eram numerosas, e uma delas em particular, transformada em seu reduto. O bar da esquina, de certo modo.

É verdade que ele nunca voltou para casa cambaleando pelas ruas da cidade natal, nunca a filha ou a mulher foram obrigadas a vir buscá-lo no balcão. A taverna, porém, será o palco no qual se passará a última cena de sua vida.

Em abril de 1616 – é a primavera que começa a florir em toda parte –, ele recebe uma grande notícia: Ben Johnson vem visitá-lo. De fato, em um fim de tarde, este desembarca da diligência vinda de Oxford, procedente de Londres. Em Stratford, é acolhido, juntamente com Shakespeare, pelo poeta Michael Drayton, que mora na cidade. São efusões e abraços entre amigos de uma certa idade. Na estação, todos os contemplam, sorrindo.

Drayton era reputado sóbrio, Shakespeare também – um pouco menos nos últimos tempos –, Ben Johnson de modo nenhum. Foi provavelmente ele que, achando New Place um pouco austera, com mulheres demais, teve a ideia de festejar o reencontro na taverna de Stratford que Shakespeare começava a frequentar. E eis os três à mesa, diante das imensas canecas de estanho cheias de cerveja que a garçonete alemã carrega em apenas uma das mãos e com o vigor do braço, mas que o consumidor britânico deve ir buscar no balcão. É cerveja branca (*ale*) ou preta (*stout*), com uma preferência por esta última, mais alcoolizada.

Ben Johnson é uma espécie de esponja, um buraco sem fundo. Renovando o espetáculo de suas bebedeiras memoráveis no Mermaid, em Chepside, ele arrasta os dois companheiros a libações que ultrapassam em muito suas capacidades de absorção, sobretudo quando gim e licores sucedem-se à cerveja. Além disso, está eufórico: primeiro, por não estar momentaneamente na prisão; segundo, por causa do sucesso que obteve sua peça *The Devil is an Ass*, sucesso que ele se compraz em relatar diante do velho amigo William e do poetastro local, talvez suscitando neles, em todo o caso no Bardo, uma ponta de inveja. Mas o Bardo já tem atrás de si sua obra-prima, *A tempestade*, aureolada do favor real. Várias de suas peças foram representadas por ocasião das bodas da princesa Elizabeth. As brumas em torno do *Gunpowder Plot* há muito se dissiparam, assim como infelizmente o triunfo popular de *Ricardo III* ou do *Sonho*, quando o futuro abria suas largas portas douradas, mas agora parece muito distante.

Em suma, tendo o taverneiro retardado complacentemente a hora de fechamento, que sempre foi muito rigorosa na Inglaterra, é muito tarde quando os três amigos, completamente bêbados, vão se amparando pelas ruas de Stratford, fazendo ressoar as vozes contra as paredes das casas.

Os dias que sucedem a uma bebedeira são às vezes desastrosos. Enquanto Ben Johnson já tomou o caminho de volta a Londres e Drayton retornou tranquilamente à sua casa, Shakespeare desperta com uma forte febre que nenhum médico conseguirá deter. Após uma breve agonia, mais breve que a de alguns de seus personagens, ele se extingue, cercado dos familiares, em 23 de abril de 1616, o mesmo dia de seu nascimento e o de seus 52 anos.

> Esse dia foi o primeiro em que respirei. Meu tempo se cumpriu. E terminarei ali onde comecei: minha vida completou seu círculo.
>
> Cássio em *Júlio César*, V, 3.

De que morreu Shakespeare? De uma crise de fígado após o episódio da taverna? Da turbulência das lembranças, revividas na companhia dos dois companheiros? De um resfriado ao voltar para casa? As noites de abril deviam ser um pouco frias em Stratford.

Diz-se que as preocupações causadas pelo genro e o mau comportamento deste, a quem ele dera sua filha querida, alteraram muito seu humor, assim como sua saúde, nos últimos dias. Thomas Quiney arcaria, por isso, com uma pesada responsabilidade perante a História. Mas é possível que haja razões mais médicas, sem excluir a primeira. Na máscara mortuária, realizada quase imediatamente a pedido da mulher, um patologista identificou um tumor facial ósseo que pode ter tido consequências irreversíveis. Nada diz que Shakespeare não conhecia essas consequências, nem que tenha morrido delas.

Soneto LXXI

Quando eu morrer, não chores mais
Ao ouvir o sino triste anunciar
Que deixei este mundo vil
Para com os vermes mais vis habitar.
Ao ler estas linhas, não lembres
a mão que as traçou, pois eu te amo tanto
Que prefiro ser esquecido
Se pensares em mim com lamento.
Se olhares, insisto, estes versos
Quando ao pó eu já tiver retornado,
Não repitas meu pobre nome,
Deixa teu amor se apagar comigo,
Para que os sábios, vendo teu pesar, não zombem
De ti nem de mim, depois que eu tiver morrido.*

---

* No longer mourn for me when I am dead / Than you shall hear the surly sullen bell / Give warning to the world that I am fled / From this vile world, with vilest worms to dwell. // Nay, if you read this line, remember not / The hand that writ it; for I love you so, / That I in your sweet thoughts would be forgot, / If thinking on me then should make you woe. // O, if, I say, you look upon this verse / When I perhaps compounded am with clay, / Do not so much as my poor name rehearse, / But let your love even with my life decay; // Lest the wise world should look into your moan, / And mock you with me after I am gone. (N.E.)

Posteridade de Shakespeare

Ela é inumerável.

Para evitar um inventário longo e escrupuloso, limitar-nos-emos a assinalar alguns pontos de referência, "balizas", como se diz em náutica, sem lamentar o que há de muito arbitrário nessa escolha. Quanto ao restante, o leitor sempre poderá reportar-se a outros autores, universitários, críticos ou biógrafos, aqueles que sabem mais sobre Shakespeare do que o próprio Shakespeare e que dedicaram um tempo considerável a esquadrinhar todos os seus avatares ao longo dos séculos.

Eis aqui, portanto, pedindo que nos perdoem algumas omissões, voluntárias ou não, aquelas referências que nos parece indispensável evocar em substituição de uma teatrologia e de uma filmografia que seriam intermináveis.

Antes de mais nada, iniciemos a lista com a Royal Shakespeare Company, cujo imenso mérito, além da fidelidade ao texto literal que ela continua a interpretar quase religiosamente, é ter passado para a película, tendo em vista o público contemporâneo e as gerações futuras, a totalidade de suas performances: assim, tivemos condições de ver na telinha, no tempo em que a televisão francesa ainda se interessava pela cultura, essa série inigualável, acompanhada de legendas muito bem traduzidas por Jean-Louis Curtis, escritor modesto, mas de grande talento, a quem fazemos questão de homenagear. Foi ele também que traduziu os textos montados por Vilar na grande fase do Théâtre National Populaire.

A Royal Shakespeare Company (RSC), que leva esse nome certamente definitivo desde 1961, sob a direção de Peter Hall, é uma espécie de viveiro de onde saíram os mais íntegros e também os mais acadêmicos intérpretes de Shakespeare: Laurence Olivier e Vivian Leigh, John Gielgud, que deve ter desempenhado, em sua longa carreira, mais ou menos todos os grandes papéis propostos pelo Bardo, de Hamlet a Lear e

Próspero, assim como Peggy Ashcroft, Ralph Richardson, Michael Redgrave e, mais perto de nós, Kenneth Branagh.

Desde o final dos anos cinquenta, tendo sucessivamente por diretores Peter Hall, Trevor Nun, Terry Hands, que se ligou à Comédie-Française, Adrian Noble e atualmente Michael Boyd, ela vai espalhar a boa palavra por todos os países do mundo, a partir de seu ponto de matrícula do Barbican Center. Mas sua origem e seu programa estão intimamente ligados a Stratford, pois foi na cidade natal de Shakespeare que, em 1875, um cervejeiro chamado Charles Edward Flower lançou uma campanha internacional para a construção de um teatro.

O Shakespeare Memorial Theatre foi inaugurado em 1879 com uma representação de *Muito barulho por nada*. Os espetáculos seguintes atraíram de imediato vedetes e público, e um alvará real lhe foi concedido em 1925. Destruído por um incêndio, o Shakespeare Memorial Theatre, abrigado por um tempo numa sala de cinema, é reconstruído em 1932 e inaugurado em 23 de abril, aniversário de nascimento de Shakespeare, pelo príncipe de Gales. Meio século mais tarde, em 1986, será acompanhado do Swan Theatre, que reproduz fielmente o original elisabetano. Cabe assinalar, também, que a RSC continua a funcionar no mesmo regime cooperativo, tal como no tempo de Shakespeare: atores de cachê somando-se ao núcleo de atores associados. Enfim, não deixemos a Inglaterra sem uma grande reverência ao velho Old Vic Theatre, um dos mais antigos de Londres (1818), transformado por algum tempo em café-concerto, depois renovado em 1914 por uma grande atriz britânica, Lilian Baylis, para finalmente tornar-se, em 1963, o National Theatre sob a direção de Laurence Olivier. Ele se orgulha de ter contado em suas fileiras com Alec Guinness, Charles Laughton ou ainda Richard Burton e de nada ter deixado a desejar em matéria de obras shakespearianas, antes de ser salvo da falência, em 1988, por Elton Jones, que criou com fundos próprios o Old Vic Trust.

É a ocasião de sublinhar que a principal beneficiária da herança de Shakespeare é a Inglaterra inteira, em seu passado, em seu futuro, em suas tradições e regras de conduta; mesmo se a língua do Bardo é às vezes obscura para os próprios ingleses – sabemos que as línguas evoluem, se enriquecem ou se empobrecem, e é preciso contar com a inventividade inesperada dos criadores –, pode-se dizer que ela é, como uma filha mais velha ou muito amada, a que mais se assemelha à Inglaterra, traço por traço. Shakespeare simboliza a Inglaterra e a Inglaterra simboliza Shakespeare. Ela encarna seu espírito, humorístico ou trágico, mas sempre profundamente poético e apaixonado por poesia, sua maneira de ser ao mesmo tempo rural – os *yeomen* – e ruidosamente citadina, com a atração imoderada da metrópole, seu olhar imperioso sobre o resto do universo, pois Shakespeare soube, provavelmente sem nunca ter cruzado o Canal, implantar seus personagens em diferentes partes do mundo civilizado, aliás, muitas vezes imaginárias.

Cruzemos agora esse Canal em um daqueles *ferryboats* com cheiro de alcatrão e petróleo que o Eurostar relega à condição de velharias românticas e que fazia entrever, na volta da Grã-Bretanha, Calais em um halo de bruma e a impalpável luz do Norte.

No plano teatral, a França investiu muito. Tentou mesmo, confessemo-lo, desviar um pouco a obra de Shakespeare para adaptá-la a seu gosto, às normas clássicas sempre em vigor e, infelizmente, à sua própria prosódia. Quem deu o pontapé inicial foi Voltaire, fervoroso admirador de Shakespeare, antes de tratá-lo a seguir de "selvagem", certamente por ciúme. Esnobe, mas também ingovernável, Voltaire, em consequência de uma rixa, viveu um período de exílio na Inglaterra, experiência que relatou em *Lettres philosophiques* (1734) e *Hamlet*. Querendo fazer os franceses conhecerem o "Corneille dos ingleses" – o que já é uma simplificação –, ele se arriscou a traduzi-lo, escrevendo em alexandrinos, no lugar de *To be or not to be*:

> Ultimato: cumpre escolher e passar, no instante,
> da vida à morte ou do ser ao nada.*

Sob a influência do Bardo, antes de renegá-lo, escreveu mesmo um *Brutus* e uma *Mort de César* que se juntaram no esquecimento a *Irène, Attila* e *Agésilas*.

Além de Voltaire, outros se lançam na mesma época em traduções arriscadas, nas quais claramente puxam a sardinha de Shakespeare para sua brasa. É o caso de Laplace (1745-1748), de Le Tourneur (1776-1782) e de Ducis (1733-1816), que faz representar seu próprio *Hamlet* pela Comédie-Française em 1769.

Esses precursores, se podemos chamá-los assim, não hesitam, fora os inúmeros falsos sentidos e contrassensos detectados em suas pseudotraduções, em afrancesar o nome dos personagens, o que muitos fizeram a seguir, em particular François-Victor Hugo, e mesmo em mudar a conclusão da peça quando ela não lhes agrada, ou quando pensam que não agradará ao público francês. É assim que Desdêmona, em um desses tradutores que deve ter se compadecido dela, tem a vida salva; em outro, ao contrário, ela se apunhala em vez de ser sufocada sob um travesseiro.

Talvez tivéssemos ficado aí, com essa curiosidade sem interesse verdadeiro por um produto de importação, não fosse a intervenção dos românticos. Tudo talvez começou com esta frase de François-Victor Hugo, que acompanhou o pai no exílio a Guernesey. Conta-se que, diante do mar, os dois homens perguntam-se em que poderão ocupar seu tempo. Victor, sempre muito simples, declara: "Eu contemplarei o oceano. E tu?", ele pergunta ao filho. "Eu", este responde, "traduzirei Shakespeare." Vasto projeto, que François-Victor realizou e mantém-se ainda vivo, uma vez que suas traduções foram retomadas nos volumes da Pléiade (Gallimard) e ainda

---

* *Demeure: il faut choisir, et passer à l'instant, / De la vie à la mort ou de l'être au néant.* (N.T.)

são representadas frequentemente. Pode-se criticar-lhes muitas coisas, como, por exemplo, além de algumas incompreensões, a utilização abusiva da prosa, quando o verso é, na maior parte das obras, essencial em Shakespeare, mas também reconhecer nelas um exemplar desejo de fidelidade, um respeito quase excessivo pelo autor.

François-Victor Hugo assumiu igualmente a tradução muito delicada dos *Sonetos* e das outras obras poéticas, em versos livres, dessa vez, assim como de vários apócrifos: não estava obrigado a isso, mas o tempo devia ser longo, em Guernesey, para esses "trabalhadores do mar". Victor, o pai, cujo prefácio de *Cromwell* marcou época na história do teatro, dedicou-se, por sua vez, a uma longa biografia de Shakespeare, publicada em 1864, da qual quis fazer "o manifesto literário do século XIX" e na qual, de maneira subentendida, situa-se naturalmente no nível do Bardo: "Esse infinito, esse insondável, tudo isso pode estar em um espírito, e temos Ésquilo, temos Isaías, temos Juvenal, temos Dante, temos Michelangelo, temos Shakespeare, e é a mesma coisa olhar essas almas ou olhar o oceano".

A posteridade de uma obra tão "nacional" como a de Shakespeare deve-se, sobretudo, à transmissão que foi feita do texto, à maneira como a passagem a uma língua estrangeira o ilumina e o valoriza, até mesmo o explicita sem que ele perca autenticidade. Contudo, sem falar de um ponto de vista puramente literário, o que se pode reprovar em geral nas traduções do teatro de Shakespeare é precisamente esquecer que se trata de teatro: pesquisa de vocabulário antigo, sempre um pouco artificial, tentativas de imitação de uma prosódia que se furta por causa da escansão característica da poesia inglesa, réplicas que os atores têm a maior dificuldade de pronunciar quando os atores britânicos deixam-se naturalmente levar pelo ritmo do texto.

Tais são as dificuldades com que se defrontaram os tradutores contemporâneos. Alguns foram muito bem-sucedidos e, de acordo com a recensão efetuada pelo *Magazine littéraire* dedicado a Shakespeare em dezembro de 2000, no momento da publicação da nova Pléiade supervisionada por Jean-Michel Déprats, temos um belo panorama de seus esforços meritórios.

No primeiro plano, convém situar, sem dúvida nenhuma, Yves Bonnefoy, que buscou decididamente romper com o gosto francês e, anglicista experiente, professor no Collège de France, tornar perceptível ao leitor "o debate das palavras com os dados de uma vida, ou as cifras de um pensamento, ou de um sonho". Contam em seu ativo, editados em sua maior parte pela Mercure de France e na coleção Folio: *Henry IV, Jules César, Othello, Romeo et Juliette, Le Conte d'hiver, Antoine et Cléopâtre, Le Roi Lear* e, principalmente, seu admirável *Hamlet* – primeira versão em 1957, revisada a seguir várias vezes – que fez a felicidade de Patrice Chéreau, e a do público, em Avignon no ano de 1988, depois no Théâtre des Amandiers de Nanterre e em La Villete, com Gerard Desarthe. Há também um ensaio, *Shakespeare et Yeats, théâtre et poésie*, também publicado pela Mercure de France.

Os predecessores de Yves Bonnefoy são muitos, e muitos se destacaram – foram "inspirados", seria mais exato – justamente por *Hamlet:* Schwob, Pagnol, cuja excelente tradução pouco se conhece, bastante prosaica, mas muito escrupulosa, Gide – a grande época de Jean-Louis Barrault depois da guerra – e também Maeterlinck (*Macbeth*), Bernard Noël, Pierre-Jean Jouve, Supervielle, Guy de Pourtalès, Pierre Leyris, André du Bouchet (*A tempestade*), Anouilh (*Noite de Reis*). Mais perto de nós, André Marcowicz, também especialista em Dostoiévski, traduziu *Hamlet* e *Macbeth.* Jean-Michel Déprats, saído do teatro universitário, renovou, para um grande número de peças, a primeira Pléiade de Henri Fluchère, a dos anos cinquenta, traduzindo ele próprio *Henrique V, Ricardo II, Bem está o que bem acaba* e *O rei Lear*, assim como *Sonho de uma noite de verão*, editado pelas Actes Sud.

A todos esses grandes nomes, foram necessários outros grandes nomes para levar seu trabalho ao palco. Assim, em relação a Yves Bonnefoy, sem falar dos já mencionados Jean-Louis Barrault e Jean Vilar, o primeiro a citar é... um inglês: Peter Brook. Este já entusiasmara o público parisiense com sua encenação de *Tito Andrônico,* no Théâtre des Nations, em 1955. Tinha então trinta e sete anos. Instalado em 1974 no Bouffes du Nord, um velho teatro abandonado e prometido à demolição, ele lança, com François Marthouret, um *Tímon de Atenas* que o crítico Gilles Costaz qualifica de histórico. Uma bela realização de *Sonho de uma noite de verão*, de 1970, será retomada vinte anos mais tarde, durante os quais Peter Brook contou com o sólido apoio da produtora Micheline Rozan, do autor Jean-Claude Carrère e do ator-encenador Maurice Bénichou. Nesse novo olhar, destaca-se uma propensão a jogar com uma cultura pluriétnica, seu formidável Próspero sendo encenado por um ator negro, Sotigui Kouyaté. Por outro lado, Peter Brook escreveu, a respeito de *Hamlet*, um texto intitulado *Quem está aí?*, que representa, de certo modo, as indicações de cena da peça e as interrogações que se colocam a quem tenta encená-la. "Quem está aí?" é a primeira fala do ato I, pronunciada por um dos dois soldados que montam guarda nas muralhas de Elsenor e que temem, com pavor, ver reaparecer o espectro.

Quanto aos encenadores franceses, além de Patrice Chéreau, que representou ele próprio Ricardo II em 1970, muitos dos maiores dedicaram-se a Shakespeare: Ariane Mnouchkine com uma versão orientalizada, como costuma fazer, de *Henrique IV*, com Georges Bigot e Philippe Hottier em *Falstaff* (1984), depois *Ricardo II* (1981) e *Noite de Reis*, representada em Avignon (1982). Georges Lavaudant montou duas vezes *O rei Lear* (1975 e 1996) com Philippe Morier-Genoud, *Ricardo III* com Ariel Garcia-Valdès (1984) e *Hamlet*, no Teatro da Comédie-Française, com Redjep Mitrovitsa (1994), antes de uma nova montagem também com Ariel Garcia-Valdès, no teatro do Odéon renovado (2006).

Devemos igualmente um *Hamlet* a Antoine Vitez (1983) com Richard Fontana e cenografia de Iannis Kokkos, encenação na qual se pôde perceber um eco, e uma homenagem, à que Gordon Craig realizou para Stanislavski em 1912. Um outro *Hamlet* em três versões, por Daniel Mesguich – ele montou igualmente um *Romeu e Julieta* visitado pelo anjo do bizarro –, e um *Sonho* muito iconoclasta por Jérôme Savary nas imediações de Avignon (1990) podem completar essa lista que está longe de ser exaustiva. Contentar-nos-emos de citar ainda: Roger Planchon, Jorge Lavelli, Marcel Maréchal, Jacques Rosner, Philippe Adrien, Bernard Sobel, Jean-Pierre Vincent, Alfredo Arias, Michel Dubois, Denis Llorca, Stanislas Nordey, Emmanuel Demarcy-Motta, Stéphane Braunschweig, André Engel, com o recente *Lear* de Michel Piccoli, bem como o suíço Luc Bondy, os alemães Klaus Michael Grüber, Peter Zadek e Hans-Peter Cloos, o anglo-saxão Stuart Seide.

Porém, antes de encerrar esse panorama teatral e de nos transportarmos às salas escuras dos cinemas onde sacrifícios também foram feitos a Shakespeare – e onde às vezes o sacrificaram –, gostaríamos de nos deter em alguns casos-limite de diretores teatrais e autores que são, poderíamos dizer, seus bastardos, mas que o Bardo talvez não teria renegado se tivesse conhecido a invenção com que eles fizeram frutificar as migalhas da herança.

Um desses bastardos é um italiano. Era, pois ele nos deixou recentemente. Diretor teatral que antecipou 1968, muito discutido em razão de sua incontrolável subversão, Carmelo Bene, cognominado o *enfant terrible* do teatro italiano, também tem direito à posteridade graças à sua encenação de *Romeu e Julieta*, criada na cidade toscana de Prato em 1976 e representada em Paris no Festival de Outono em 1977. Encenação que o crítico e editor italiano Franco Quadri apresenta assim: "Uma paisagem de objetos monstruosos – taças enormes, garrafões gigantescos, garrafas com transparências de alabastro, uma vela no fundo de uma taça de onde sai um buquê de doze rosas de cetim – liga-se à mesa posta para três, sobre a qual está adormecido o autor". Minúsculos ao redor dessa mesa gigante, os personagens não participam de nenhuma ação, mas devemos ver em dois deles, além do autor adormecido, o *fair man* e a *dark lady* dos *Sonetos*, pois Bene mistura muito artificialmente, como as rosas de cetim, o tema de *Romeu e Julieta*, peça que julga barroca e insignificante, ao mistério que cerca estes últimos. "Não enceno Shakespeare", explica, "porque ele parafraseia muito seu trabalho, nem faço uma interpretação pessoal ou uma leitura de Shakespeare, mas um ensaio crítico *sobre* Shakespeare."

Bene tem o hábito de orquestrar suas realizações com *play-back* e grandes árias de ópera. Ele entrou em Shakespeare pela porta dos fundos com *Hamlet ou as consequências da piedade filial*, de Jules Laforgue, que a seguir reuniu ao de Shakespeare para produzir seu *opus magnum* de 1975, em Prato. O crítico Maurizio Grande disse, dessa versão de *Amleto*, que ela colocava "seriamente em questão a ideia mesma de teatro tal como se construiu na civilização ocidental, isto é, a ideia do teatro como espelho e como cena da cultura dominante".

Um longo pergaminho desenrola-se no palco, os atores atuam ou não atuam, Bene é o *deus ex machina* que, com toda a fidelidade ou infidelidade, toma o lugar do Bardo. Pouco antes de sua morte, ele tinha a intenção de encenar *Ricardo III*, que teria representado sozinho, sem parceiro, o que está bem de acordo com o personagem. Renunciou ao projeto, e foi a única coisa à qual renunciou, desiludido: "Entramos no palco todas as noites. De tempo em tempo, há um que compreende. Um ou dois." Mas Carmelo Bene nos deixa esta bela definição: "O teatro é uma greve da consciência na dimensão que o lazer soube inventar".

Um outro dos descendentes ilegítimos de Shakespeare é o alemão Heiner Müller, que em 1977 fez girar uma de suas peças – não ousamos dizer adaptação, mas sim adoção – em torno do fascínio do poder. De resto, o título já diz muito: *Hamlet-Máquina*. Na época da Stasi*, isso era interessante. Edward Bond em *Lear*, montada em 1973, carregou em cenas de horror que não pediam tanto e em uma crueldade que não falta, porém, no original de Shakespeare. O francês Henri Viard fez entrar Hamlet na série *noire* da Gallimard, dando-lhe um cognome e um título que lhe cabem perfeitamente: *L'Embrumé*. Valère Novarina nos ofereceu, em 1977, um *Falstafe*. Michel Deutsch, dramaturgo em Estrasburgo, modernizou a figura do tirano em *Imprécations 36: Richard III, Bad Boy*. O quebequense Norman Chaurette reuniu seis rainhas de Shakespeare em *Les Reines* (Comédie-Française, citado por Gilles Costaz na recensão do *Magazine littéraire*).

Encerraremos esta página teatral com uma variação humorística de Tom Stoppard sobre *Hamlet*, em 1966, transferida a dois personagens secundários da tragédia, Rosencrantz e Guildenstern, espiões do rei junto a Hamlet, que desaparecem desastradamente durante a viagem deste à Inglaterra. Esses dois comparsas comentam a ação e nos fazem ver a peça sob um ângulo inabitual. É uma das réplicas que fornece o título: *Rosencrantz e Guildenstern estão mortos*. Ela foi muito bem montada por Claude Régy no Théâtre Antoine, com Bernard Fresson e Michael Lonsdale nos papéis-título, além de Jean-Pierre Marielle, Delphine Seyrig e Claude Piéplu.

No cinema, consideremos primeiramente algumas estatísticas.

De acordo com o *Quid*, raramente suscetível de erro, Shakespeare é o autor que, desde a invenção dos irmãos Lumière, foi utilizado o maior número de vezes. Contam-se mais de trezentas adaptações, 41 delas apenas para *Hamlet*. Isso começou cedo, com Sarah Bernhardt no início do século, quando ainda tinha as duas pernas** e acabava de representá-lo

---

* Polícia secreta da Alemanha oriental. (N.T.)

** A atriz teve uma perna amputada, em 1915, em consequência de uma gangrena. (N.T.)

no teatro, no ano precedente, e com Mounet-Sully, que devia rugir, no cinema mudo, em *Macbeth*. Philippe Pilar, autor de *Shakespeare au cinéma*, também nos fala de um outro *Hamlet*, de dez minutos apenas – o monólogo? –, por Meliès, o da *Viagem à Lua*, em 1907.

Em uma época mais recente, a árvore que esconde a floresta é evidentemente *Sir* Laurence Olivier, cuja interpretação do herói dinamarquês, em 1948, foi por muito tempo a referência absoluta. Ele era belo, sua parceira Jean Simmons, comovente, as ondas soavam contra as muralhas, o crânio de Yorick brilhava com uma cor de marfim. *Sir* Laurence voltou a destacar-se, valendo-se de sua experiência teatral, com *Ricardo III* (1955), tendo já atrás de si um *Henrique V* que marcou época (1944), relançado nas telas após o sucesso de *Hamlet*. Também grandioso, com inesquecíveis cenas de batalha.

Para continuar no domínio do academismo, mas também no da alta fidelidade, convém citar o *Júlio César* de Joseph Mankiewicz (1953), com Marlon Brando (que em breve se projetaria em *On the waterfront**, no papel de Marco Antônio. James Mason, o inevitável John Gielgud, Deborah Kerr, Greer Garson e Louis Calhern (que, em *O segredo das joias,* de John Huston [1950], é o protetor corrupto da estreante Marilyn Monroe) completam a lista de intérpretes.

Em 1967, Elizabeth Taylor e Richard Burton puderam concretizar suas cenas de casal em *A megera domada*, que teve uma primeira versão filmada (em 1929) com Douglas Fairbanks e Mary Pickford. No ano seguinte, Franco Zefirelli ousava fazer representar Romeu e Julieta por atores com a mesma idade do papel – a mais conhecida das versões precedentes foi um filme de George Cukor com Leslie Howard e Norma Shearer, de 1936 –, porém Zefirelli esperou até 1991 para produzir seu *Hamlet*, um grande sucesso com Mel Gibson, Glenn Close e Alan Bates.

Em 1970, Peter Brook dirigia um *O rei Lear* antológico com Paul Scofield, e já evocamos seu *Tito Andrônico* no

---

* *Sindicato de ladrões*, 1954. (N.T.)

teatro. Em 1989, coube ao irlandês Kenneth Branagh tomar o archote das mãos de Laurence Olivier, com um *Henrique V* muito pessoal, papel por ele já desempenhado na Royal Shakespeare Company e como o mais jovem Henrique V da História. Depois ele dirigiu, em 1994, *Muito barulho por nada* com sua esposa na época, Emma Thompson, e atores americanos ou britânicos, para finalmente dedicar-se a *Hamlet* em versão integral (1997), numa transposição que evocamos em nosso capítulo *O teatro e o infinito*. Branagh nos dará a seguir, em 1999, *Trabalhos de amor perdidos*, cujo resultado, do ponto de vista da imagem, é simplesmente encantador, ainda que tenha transformado a peça em uma comédia musical estilo Broadway. Paradoxalmente, porém, a fidelidade mede-se às vezes pela falta de respeito ao lidar com obras-primas. No cinema, essa falta de respeito tornou-se necessária, e Shakespeare certamente teria concordado, ele que gostava tanto de divertimentos.

Talvez ele tivesse também apreciado as extrapolações de todo tipo, como *Trono manchado de sangue,* de Kurosawa (1957), o *Hamlet* russo, de Kosintsev (1964), ou o inesquecível *West Side Story,* de Robert Wise, Jérôme Robbins e Leonard Bernstein: *Romeu e Julieta* no East Side em Nova York. Que teria ele pensado do filme *Looking for Richard* (1996), no qual o ator ítalo-americano Al Pacino, evitando o peso esmagador do papel e a responsabilidade que exige, nos mostra um *Ricardo III* em gestação? Através do trabalho dos atores no ensaio, com suas hesitações, suas interrogações, às vezes suas recusas, mas também através de sua modernidade, acompanhamos a progressão da peça sem nunca realmente entrar nela, a não ser na célebre cena entre *Lady* Ana e Gloucester que citamos na página 91, em que Al Pacino revela-se um ator genial e o mais shakespeariano de todos os Ricardo vistos no palco ou na tela.

Shakespeariano até no impecável sotaque de Oxford, John Gielgud acabou por realizar um dos sonhos de sua vida de ator tão escrupuloso e tão britânico ao interpretar na tela um papel que muitas vezes representou no palco, na verdade um papel feito para ele: o de Próspero em *Prospero's Books*, dirigido por Peter Greenaway em 1991.

Já em 1999 é uma americana, Julie Taymor, que filma *Titus Andronicus*, em uma transposição para os anos 1930. Rodado na Cinecittà, ela dirige sem nenhum complexo Anthony Hopkins e Jessica Lange. E citaremos mais uma vez *Shakespeare apaixonado*, no qual, também sem nenhum complexo, mas não sem respeitar a verdade histórica, em cenários e figurinos extraordinários, o diretor John Madden e o roteirista Tom Stoppard nos dão uma visão nova de *Romeu e Julieta.*

Enfim, para os cinéfilos e amantes de curiosidades, se porventura tiverem a chance de ver este filme, assinalamos uma realização de Max Reinhardt, o grande cineasta austríaco, ex-diretor do Berliner Theater que prosseguiu sua carreira em Hollywood, realização na qual aparece no papel do Puck de *Sonho de uma noite de verão*, ao lado de Dick Powell e Olivia de Havilland, um certo James Cagney (1934).

Todos esperam, evidentemente, que falemos de Orson Welles. E como não falar dele?

Seu caso é particular, como tudo o que realizou ao longo de sua carreira, mas é difícil não colocá-lo no topo da lista dos atores e realizadores shakespearianos. Lembremos em primeiro lugar que, antes de pôr os pés em um estúdio de cinema, ele começou no teatro, como cenógrafo, e em Nova York, pouco antes da guerra, montou com seu Mercury Theatre um *Júlio César* e um *Macbeth* interpretado por uma trupe de negros. Em Nova York! Cineasta, precisou batalhar, como para todos os seus filmes, a fim de poder realizar três Shakespeare nos quais desempenha o papel principal, obrigado a interromper várias vezes as filmagens para buscar o cachê em outro palco e obter o dinheiro necessário para a aquisição da película de seu próprio filme. É por essa razão, certamente, que esses três filmes dão a impressão de estarem inacabados e de parecerem mesmo feito às pressas, se não conhecêssemos as preocupações financeiras do autor de *Citizen Kane*.

Filmado na antiga cidade de Mogador, atual Essaouira, no Marrocos, apesar da palma de Ouro do Festival de Cannes (1952), *Othello* deixa o espectador com fome, mas resta o esplêndido monólogo do ato IV, que ninguém podia interpretar como Welles, em primeiríssimo plano:

> OTELO
> Confessar, e ser enforcado por seu trabalho! Primeiro, ser enforcado; depois ele confessa. Estremeço só de pensar. A natureza não teria investido em paixão tão obscura sem nos deixar algo sugerido, simbólico. Não são palavras que me fazem tremer deste jeito. De modo algum! Narizes, orelhas, lábios. Será possível? ... Confessar? ... O lenço? ... Oh, diabo!
> *Cai em transe.*

Do mesmo modo, *Macbeth* foi realizado em apenas 23 dias. Parece um prazo de filmagem de televisão. Modestamente, e para escusar suas falhas, Welles falou, por ocasião de uma conferência em 1954 no Festival de Edimburgo organizado pela escola de verão do British Film Institute, de um esboço, de uma tentativa de aproximação da tragédia, e por certo ele sabia melhor do que ninguém que os temas de Shakespeare são inesgotáveis: uma mina da qual não cessam de ser tiradas, uma após outra, todas as pepitas.

Por fim, ele desejou, desta vez na Espanha, e com o título de *Campanadas a Medianoche**, escrever com sua câmera um resumo das diferentes encarnações de Falstaff em *Henrique VI, Henrique IV* e *As alegres matronas de Windsor*. O título é tirado de uma réplica de Silêncio ao juiz Shallow nesta última peça: "São os carrilhões da meia-noite que ouvimos, mestre Shallow".

Cumpre reconhecer que também aí o resultado não esteve à altura das expectativas, pois não basta brindar com

---

* *Carrilhões à meia-noite*. (N.T.)

canecas de cerveja para fazer uma obra-prima cinematográfica. Como em *Macbeth* e em *Otelo*, falta alguma coisa nessa ambiciosa realização. Os meios? Certamente. Um pouco mais de modéstia, talvez. No entanto, ao extrapolar em vez de filmar banalmente uma das tragédias, ao querer ser, com sua desmedida, "mais Shakespeare do que ele", parafraseando uma frase de Laforgue a propósito de Hamlet, Welles deu a Shakespeare uma colaboração que só podia servi-lo. Infelizmente, problemas de dinheiro também interromperam várias vezes as filmagens de *Campanadas*, com tudo o que isso implica em termos de custos suplementares: substituição de atores, reconstrução de cenários, mudança de produção, pagamentos e dívidas acumuladas. Por pouco, o filme não foi abandonado. De certo modo, há um encontro malsucedido nessa obra sob muitos aspectos surpreendente, na qual Welles, distanciando-se do original, revelou-se mais elisabetano do que todos os cineastas que abordaram Shakespeare.

No fundo, Shakespeare foi feito para o cinema? Precisamos escolher entre a versão de suas peças em teatro filmado, como o *Júlio César* de Mankiewicz e o *Hamlet* de Zefirelli, ou sua transposição. Quem é mais fiel, mais shakespeariano: Branagh com tudo o que se permite, ou Laurence Olivier com tudo o que não se permite? Como acontece quase sempre com Shakespeare, todas as portas continuam abertas.

ANEXOS

Cronologia

1483 – Coroação de Ricardo III.

1485 – Coroação de Henrique VII.
Fim da Guerra das Duas Rosas.

1492 – Cristóvão Colombo na América.

1509 – *Elogio da loucura*, de Erasmo.
Coroação de Henrique VIII.

1516 – *A utopia*, de Thomas Morus.

1517 – Coroação de Francisco I da França.

1520 – Encontro de Francisco I e de Henrique VIII (*Camp du Drap d'Or*).

1535 – *O príncipe*, de Maquiavel.

1536 – Execução de Ana Bolena.

1546 – Insurreição da Escócia.

1547 – Morte de Henrique VIII.

1553 – Reinado de Maria Tudor.

1557 – Casamento de John Shakespeare e Mary Arden.

1558 – Coroação de Elizabeth.

1564 – Nascimento de William Shakespeare (23 de abril).

1568 – John Shakespeare, magistrado em Stratford.

1570 – Excomunhão de Elizabeth.

1576 – James Burbage constrói *The Theatre.*

1577 – *Crônicas,* de Holinshed.

1579 – Tradução de Plutarco por North.
A arcádia, de Philip Sidney.

1580 – Os *Ensaios,* de Montaigne.

1582 – Casamento de William Shakespeare com Anne Hathaway.

1583 – Batismo de Suzanna Shakespeare.
A rainha funda sua trupe dos *Queen's Men.*

1585 – Batismo de Hamnet e Judith Shakespeare.

1587 – Execução de Mary Stuart.
Criação do teatro The Rose por Henslowe.

1588 – Derrota da Invencível Armada.
Doutor Fausto, de Marlowe.
Endymion, de Lilly.

1589 – Expedição de Essex a Portugal.

1590 – *Henrique VI.*
Tito Andrônico.

1591 – *Eduardo II*, de Marlowe.
The Fairy Queen, de Spenser.

1592 – *Ricardo III.*

1593 – *A comédia dos erros.*
Os dois cavalheiros de Verona.
Vênus e Adônis.
Morte de Marlowe.

1594 – *A megera domada.*
A violação de Lucrécia.
Shakespeare acionista da trupe do camareiro-mor.
Execução de Lopez, médico judeu da rainha.

1595 – *Romeu e Julieta. Ricardo II.*
Sonho de uma noite de verão.
Insurreição da Irlanda.

1596 – *O mercador de Veneza. Rei João.*
Morte de Hamnet, um dos gêmeos de Shakespeare.
Título de nobreza do pai.
Inauguração do Swan Theatre.
Tomada da cidade de Cádis por Essex.

1597 – *Henrique IV.*
Os *Ensaios*, de Francis Bacon.
Aprisionamento de Ben Johnson.
Aquisição de New Place em Stratford.

1598 – *Muito barulho por nada.*
Shakespeare encena *Every Man in his Humour*, de Ben Johnson.

1599 – Inauguração do novo The Globe Theatre.
Henrique V. Júlio César. Como gostais.

1600 – *As alegres matronas de Windsor.*
Noite de Reis. Troilo e Cressida.
Giordano Bruno na fogueira em Roma.

1601 – *Hamlet.*
Complô e execução de Essex.
Morte de John Shakespeare.

1602 – Compra de terras em Stratford.

1603 – *Otelo. Medida por medida.*
Morte de Elizabeth.
Coroação de Jaime I.
Tradução dos *Ensaios,* de Montaigne, por Florio.

1604 – *Bem está o que bem acaba.*
Publicação de *Hamlet* em in-quarto.

1604-1605 – O *Gunpowder Plot.* Execução de Guy Fawkes.

1605 – *O rei Lear.*
Shakespeare compra "dízimos" em Stratford.

1606 – *Macbeth.*
Volpone, de Ben Johnson.
Nascimento de Corneille.

1607 – *Antônio e Cleópatra. Coriolano. Tímon de Atenas.*
Casamento de Suzanna Shakespeare.

1608 – *Péricles.*
Shakespeare acionista do teatro de Blackfriars.
Morte da mãe de Shakespeare.

1609 – Publicação dos *Sonetos.*

1610 – *Cimbelino.*
Shakespeare instala-se em Stratford.
Sidereus Nuncius, de Galileu.

1611 – *Conto de inverno. A tempestade.*

1613 – *Henrique VIII.*
Incêndio do Globe Theatre.
Shakespeare adquire a casa de Blackfriars.
Participa das festas de casamento da princesa Elizabeth.

1616 – Casamento de Judith Shakespeare.
Morte de Shakespeare (23 de abril).

1618 – Início da Guerra dos Trinta Anos.

1622 – Nascimento de Molière.

1623 – Publicação do primeiro *Folio*.

Referências bibliográficas

OBRAS

The Complete Works of Shakespeare. Oxford: Oxford University, 1986.

SHAKESPEARE. *Oeuvres completes.* Paris: Gallimard, 1959 e 2002.

SHAKESPEARE. *Oeuvres completes.* Paris: Robert Laffont, 1995, 2002.

SHAKESPEARE, William. *Théâtre.* Trad. François-Victor Hugo. Paris: Rencontre, 1961.

STANISLAVSKI, Konstantin; TOUCHARD, Pierre-Aimé. *Othello, de Shakespeare.* Paris: Le Seuil, 1948.

BIOGRAFIAS E ENSAIOS

ACKROYD, Peter. *Londres, La biographie.* Trad. Bernard Turle. Paris: Stock, 2003.

_____. *William et Cie.* Trad. Bernard Turle. Paris: Philippe Rey, 2003.

BADINTER, Élisabeth. *L'Un et l'Autre: des relations entre hommes et femmes.* Paris: Odile Jacob, 1986.

BENE, Carmelo. *Carmelo Bene: Dramaturgie.* Edição estabelecida pelo Centre international de dramaturgie, 1977.

BRECHT, Bertolt. *Petit Organon pour le théâtre.* Trad. Jean Tailleur. Paris: L'Arche, 1948.

_____. *Petit Organon pour le théâtre.* Trad. Bernard Lortholary. Paris: Gallimard, 2000.

BURGESS, Anthony. *English Literature*. London: Longman, 1958.

CAILLOIS, Roger. *L'Homme et le Sacré*. Paris: Gallimard, 1958.

CRAIG, Gordon. *De l'art du théâtre*. Paris: Gallimard, 1916, Circé, 1999.

_____. *De l'art du théâtre*. Paris: Circé, 1999.

DUBECH, Lucien. *Histoire générale illustrée du theater*. Paris: Librairie de France, 1931-1934.

ELIADE, Mircea. *Le Mythe de l'androgyne*. Paris: Gallimard, 1962.

ELLMAN, Richard. *Oscar Wilde*. Trad. Marie Tadié e Philippe Delamare. Paris: Gallimard, 1994.

FLUCHÈRE, Henri. "Le Théâtre anglais". In: *Histoire des spectacles*. Paris: Gallimard, 1965.

_____. *Shakespeare, dramaturge élisabéthain*. Paris: Gallimard, 1966.

FREKE-GOULD, Robert. *Histoire de la Franc-maçonnerie*. Paris: De Bonnot, 1996.

HUGO, Victor. *William Shakespeare*. Paris: Hetzel, 1864.

KOTT, Jan. *Shakespeare, notre contemporain*. Trad. Anne Pozner. Prefácio de Peter Brook. Paris: Payot, 1978.

LAROQUE, François. *Shakespare, comme il vous plaira*. Paris: Découvertes Gallimard, 1991.

MAGUIN, Jean-Marie; MAGUIN, Angela. *William Shakespeare*. Paris: Fayard, 1996.

MAYOUX, Jean-Jacques. *Shakespeare*. Paris: Aubier, 1982.

MESSIAEN, Pierre. *Shakespeare et La Fontaine*. Desclée de Brouwer, 1948.

MOREAU, Jean-Pierre. *L'Angleterre des Tudors, 1485-1603*. Paris: Ophrys-Ploton, 2000.

P̲i̲l̲a̲r̲d̲, Philippe. *Histoire du cinéma britannique.* Paris: Nathan, 1996.

_____. *Shakespeare au cinema.* Paris: Nathan, 2000.

V̲i̲l̲a̲r̲, Jean. *De la tradition théâtrale.* Paris: NRF, 1963.

W̲i̲l̲d̲e̲, Oscar. *Le Portrait de M.W.H.* Trad. Jean Gattégno. Paris: Flammarion, 1999.

_____. *Le Portrait de M.W.H.* Trad. Jean Gattégno. Paris: Folio bilingue, 2000.

Notas

1. COOPER, Duff. *Sergeant Shakespeare*. Haskell, 1949.
2. ACKROYD, Peter. *Londres, La biographie*. Paris: Stock, 2003.
3. MESSIAEN, Pierre. *Shakespeare et La Fontaine*. Desclée de Brouwer, 1948.
4. STRACHEY, Lytton. *Books and Characters*. London: Chatto, 1922.
5. MOREAU, Jean-Pierre. *L'Angleterre des Tudor, 1485-1603*. Paris: Ophrys-Ploton, 2000.
6. DUBECH, Lucien. *Histoire générale illustrée du theater*. Paris: Librairie de France, 1932.
7. MAYOUX, Jean-Jacques. *Shakespeare*. Paris: Aubier, 1982.
8. FLUCHÈRE, Henri. *Histoire des spectacles*. Paris: Encyclopédie de la Pléiade, 1965.
9. BURGESS, Anthony. *English Literature*. London: Longman, 1958.
10. FLUCHÈRE, Henri. *Shakespeare, dramaturge élisabéthain*. Paris: Gallimard, 1966.
11. KOTT, Jan. *Shakespeare, notre contemporain*. Paris: Payot, 1978.
12. SEDGWICK, Eve Kosofsky. *Between Men: English Literature and Male Homosocial Desire.* New York: Columbia University Press, 1985, 1992.
13. HAMMOND, Paul. *Love between Men in English Literature*. London: MacMillan, 1986.
14. CHAMBERS, E.K. *William Shakespeare: A Study of Facts and Problems*. Oxford: Oxford, 1930.
15. BRECHT, Bertolt. *Petit Organon pour le théâtre*. Trad. Bernard Lortholary. Paris: Gallimard, Bibliothèque de la Pléiade, 2000.

Sobre o autor

Autor de uma dezena de romances, cinco dos quais editados pela Gallimard, e de vários livros de poesia (prêmio Apollinaire, 1999), Claude Mourthé está há muito familiarizado com Shakespeare, de quem traduziu, para sua primeira direção teatral aos dezoito anos, *Hamlet*. A seguir, adaptou para o teatro e para a France Culture outras de suas obras: *Muito barulho por nada*, *As alegres matronas de Windsor*, *Macbeth*, *Hamlet*, novamente, com Claude Rich, *O rei Lear*, com Jacques Dufilho, e *Júlio César*, com Guy Tréjan, Michel Bouquet, Jean Topart e Pierre Vaneck. Produtor e realizador na TF1, também comandou, nos anos 1980, a série *Le Monde est um théâtre*.

Livros de Shakespeare na Coleção **L&PM** POCKET:

As alegres matronas de Windsor – Trad. de Millôr Fernandes
Antônio & Cleópatra – Trad. de Beatriz Viégas-Faria
Bem está o que bem acaba – Trad. de Beatriz Viégas--Faria
A comédia dos erros – Trad. de Beatriz Viégas-Faria
Como gostais / Conto de inverno – Trad. de Beatriz Viégas-Faria
Hamlet – Trad. de Millôr Fernandes
Henrique V – Trad. de Beatriz Viégas-Faria
Júlio César – Trad. de Beatriz Viégas-Faria
Macbeth – Trad. de Beatriz Viégas-Faria
A megera domada – Trad. de Millôr Fernandes
O mercador de Veneza – Trad. de Beatriz Viégas-Faria
Muito barulho por nada – Trad. de Beatriz Viégas-Faria
Noite de Reis – Trad. de Beatriz Viégas-Faria
Otelo – Trad. de Beatriz Viégas-Faria
O rei Lear – Trad. de Millôr Fernandes
Ricardo III – Trad. de Beatriz Viégas-Faria
Romeu e Julieta – Trad. de Beatriz Viégas-Faria
Shakespeare de A a Z (Livro das citações) – Org. de Sergio Faraco
Sonho de uma noite de verão – Trad. de Beatriz Viégas-Faria
A tempestade – Trad. de Beatriz Viégas-Faria
Tito Andrônico – Trad. de Beatriz Viégas-Faria
Trabalhos de amor perdidos – Trad. de Beatriz Viégas-Faria

Leia também na Coleção **L&PM** POCKET:

Shakespeare – Claude Mourthé (Série Biografias)

Livros de Freud publicados pela **L&PM** EDITORES

Coleção **L&PM** POCKET:

Compêndio da psicanálise
O futuro de uma ilusão
A interpretação dos sonhos (volume 1)
A interpretação dos sonhos (volume 2)
O mal-estar na cultura
Psicologia das massas e análise do eu
Totem e tabu

Coleção **L&PM** EDITORES/FREUD (formato 21x14cm):

Além do princípio de prazer
Compêndio da psicanálise
O homem Moisés e a religião monoteísta
Psicologia das massas e análise do eu
Totem e tabu

Série Ouro:
A interpretação dos sonhos

Livros relacionados

Freud – Chantal Talagrand e René Major
   (**L&PM** POCKET Biografias)

Sigmund Freud – Paulo Endo e Edson Sousa
   (**L&PM** POCKET **ENCYCLOPAEDIA**)

Correspondência – Sigmund Freud e Anna Freud

Os russos estão na Coleção L&PM POCKET

Dostoiévski, Tchékhov,
Turguêniev, Gogol,
Anna Akhmátova, Tolstói

Kerouac para todos os gostos: romances, haicais, peças, cartas e o clássico dos clássicos, *On the Road*

L&PM EDITORES

Agatha Christie
EM TODOS OS FORMATOS
AGORA TAMBÉM EM FORMATO TRADICIONAL (16x23)

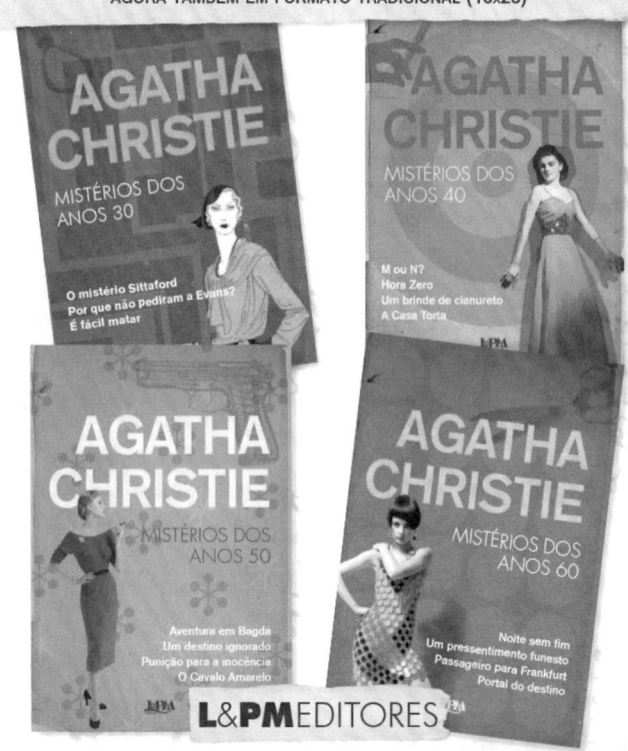

AUTOBIOGRAFIA

MISS MARPLE – todos os romances
Primeiro volume
- Assassinato na casa do pastor
- Um corpo na biblioteca
- A mão misteriosa
- Convite para um homicídio

POIROT – QUATRO CASOS CLÁSSICOS
- TRAGÉDIA EM TRÊS ATOS
- CIPRESTE TRISTE
- MORTE NA PRAIA
- A MANSÃO HOLLOW

AGATHA CHRISTIE – MISTÉRIOS DOS ANOS 30
- O mistério Sittaford
- Por que não pediram a Evans?
- É fácil matar

AGATHA CHRISTIE – MISTÉRIOS DOS ANOS 40
- M ou N?
- Hora Zero
- Um brinde de cianureto
- A Casa Torta

AGATHA CHRISTIE – MISTÉRIOS DOS ANOS 50
- Aventura em Bagdá
- Um destino ignorado
- Punição para a inocência
- O Cavalo Amarelo

AGATHA CHRISTIE – MISTÉRIOS DOS ANOS 60
- Noite sem fim
- Um pressentimento funesto
- Passageiro para Frankfurt
- Portal do destino

© 2016 Agatha Christie Limited. All rights reserved.

L&PM EDITORES

L&PM POCKET MANGÁ

Mitsuru Adachi — Aventuras de menino
Inio Asano — Solanin 1
Inio Asano — Solanin 2
Mohiro Kitoh — Fim de Verão

SHAKESPEARE — HAMLET
SIGMUND FREUD — A INTERPRETAÇÃO DOS SONHOS
F. SCOTT FITZGERALD — O GRANDE GATSBY
FIÓDOR DOSTOIÉVSKI — OS IRMÃOS KARAMÁZOV
MARCEL PROUST — EM BUSCA DO TEMPO PERDIDO
MARX & ENGELS — MANIFESTO DO PARTIDO COMUNISTA
FRANZ KAFKA — A METAMORFOSE
JEAN-JACQUES ROUSSEAU — O CONTRATO SOCIAL
SUN TZU — A ARTE DA GUERRA
F. NIETZSCHE — ASSIM FALOU ZARATUSTRA

IMPRESSÃO:

Pallotti
GRÁFICA EDITORA
IMAGEM DE QUALIDADE

Santa Maria - RS - Fone/Fax: (55) 3220.4500
www.pallotti.com.br